Manfred Koch

wurde 1950 in Graz geboren und lebt seit 1971 in Salzburg.

Nach Tätigkeiten als Werbetexter in einigen Werbeagenturen und Dramaturg und Regieassistent am Salzburger Landestheater ist er seit 1980 freier Schriftsteller mit vielen Buchpublikationen, Drehbüchern für Filmproduktionen, Theaterstücken und Kabaretttexten.

Manfred Koch ist Mitglied des Forum Stadtpark, der Grazer Autorenversammlung, der IG Autoren und Vorstandsmitglied des Literaturhauses Salzburg.

1995 erhielt Manfred Koch als Autor des Salzburger Affronttheaters den ARD/ORF/SRG-Kabarettpreis „Salzburger Stier".

Jeden Montag zelebriert der Autor seine zeitkritisch-satirische Kolumne „Eingekocht" in den SALZBURGER NACHRICHTEN!

Sie möchten den Autor zu einer Lesung einladen?
Kontaktaufnahme: LITERATURKANZLEI (07228) 6413

CIP-Titelaufnahme der Deutschen Bibliothek
Koch, Manfred: TOTAL UMWEIHNACHTET
1. Auflage Linz – Wien, Resistenz, 2004
ISBN 3-85285-106-8

Satz & Layout: Julia Kramer
Covergestaltung: Fritz Perlega, Nussdorf am Haunsberg
Titelillustration: Thomas Wizany, Salzburg
Autorenfoto: Harry Wiesleitner, Salzburg
Druck: Benno Käsmayr

Der Verlag dankt für Förderungen zu diesem Buch:

Land Salzburg
Kulturamt der Stadt Salzburg
Bundeskanzleramt

Manfred Koch

TOTAL UMWEIHNACHTET

X-Mas-Satiren

Resistenz

Total umweihnachtet!

Seit vielen Jahren plagt sich der Autor dieses Buches damit ab, einen vernünftigen Text zum Thema „Weihnachten“ zu Papier zu bringen. Vergeblich! Die erschütterndsten Beispiele seines kläglichen Scheiterns finden sich hier versammelt: seitenweise Nonsens aus einem total umweihnachteten Gehirn!
Jeder überzeugte Waggerlianer wird dieses Buch deshalb nur mit wachsendem Schaudern lesen. Allen echten Weihnachtshirten des Wahren, Guten, Schönen und Erbaulichen wird es bei der Lektüre grausen. Und bei sämtlichen Weihnachtsstrahlemännern werden sich angesichts dieser Texte die Barthaare vor Entsetzen sträuben.
Dies ist der absolute Tiefpunkt alpenländischer Weihnachtsliteratur! Wer bis heute noch nicht an Weihnachtspoesie verzweifelt ist, wird es jetzt tun. Dem Leser bleibt gemeinsam mit dem Autor nur ein einziger Trost: Auch die tiefste Umweihnachtung geht irgendwann zu Ende.

Adventgedicht

Das Weihnachtsfest, wie man es kennt,
Das kommt am Ende vom Advent.
Denn käm's schon zum Adventbeginn,
Hätt' der Advent doch keinen Sinn.

Auch mittendrin, was nie passiert,
Wär's Weihnachtsfest höchst deplaziert.
Weil der Advent doch sinnlos wär',
Käm' er zur Hälfte hinterher.

Auch Weihnacht' im Advent tagtäglich,
Fänd' der Advent total unmöglich.
Darin ist der Advent ganz stur:
Weihnacht' kommt nach ihm – nicht davur!

Aus diesem Grund kommt konsequent
Und schon seit Jahren permanent
Das Weihnachtsfest erst nach dem End'
Von dem bescheuerten Advent!

WEIHNACHTSMANNISCHE DEPRESSION

Warum Weihnachtsmänner nichts zu lachen haben
und nicht einmal mehr selber
an den Weihnachtsmann glauben.

Weihnachtsmännerschicksal

In zahlreichen Weihnachtsmann-Konferenzen
Beriet man sehr aufgeregt die Konsequenzen
Der gegenwärtigen Architektur
Auf die Weihnachtsmänner-Kultur.
Früher stiegen sie nämlich immer
Durch die Kamine ins Weihnachtszimmer.
Heut' kommen Kamine nur selten vor –
Wie kommt man durch das Zentralheizungsrohr?

Wie quetscht man sich mit den Geschenken im Arm
Durch zehn Meter Eisenrohr, eng wie ein Darm?
Und ist Santa Claus dann endlich im Haus,
Wie kommt er aus dem Radiator heraus?
Und wenn ihm dies' Kunststück tatsächlich gelingt,
Wie lautet das Lied, das er Weihnachtsmann singt?
„Drunten vom Heizungsraum komme ich her,
Ich muß Euch sagen: Euer Öltank ist leer!"

Manches Zentralheizungsrohr geht um Ecken.
Was ist, bleibt der Weihnachtsmann mal in ihm stecken?
Er kann nicht nach vor, er kann nicht zurück –
Vorbei ist es dann mit dem Weihnachtsglück!
Und nichts wird es dann mit den Weihnachtsgeschenken!
An diese Ausrede solltet Ihr denken:
Horcht, Kinder, während der Weihnachtspunsch tropft,
Ob es nicht wo in der Zentralheizung klopft –
Denn das ist der Weihnachtsmann, der sie verstopft!

Tragische Weihnachtsmannlegende

Ein Weihnachtsmann, der hatte sich
Vor ein paar Jahren fürchterlich
In einem Haus verirrt:
Statt durchs Kaminrohr kroch er froh
Durchs Abflußrohr vom Wasserklo –
Wie sowas halt passiert.

Er tauchte in der Muschel auf,
Da saß gerade Oma drauf
Und drückte ganz verbissen.
Dann spülte sie ihn in das Meer –
Der Weihnachtsmann fühlt sich seither
Aus gutem Grund beschissen.

Woher kommen die Schokoweihnachtsmänner

Haben Sie sich auch schon gefragt, woher jedes Jahr diese Heerscharen von Schokoladeweihnachtsmännern kommen? Die müssen ja irgendwann geboren worden sein. Und was geboren wird, das muß vorher gezeugt werden. Also, ich stell' mir das so vor:

Nehmen wir die Firma Suchard, wo die Milka-Weihnachtsmänner gezeugt werden. Da werden jedes Jahr von den Millionen Schokoweihnachtsmännern, die in den Handel kommen, die letzten beiden nicht ausgeliefert, sondern aufgehoben.
Kurz nach Weihnachten werden dann in diese beiden Schokoweihnachtsmänner, die ja bekanntlich innen hohl sind, Löcher gebohrt, und danach werden sie gefüllt.
In den einen Schokoweihnachtsmann kommen kleine, befruchtungsbereite Milka-Schoko-Ostereier, und in den anderen eine Füllung aus Zucker, Kakaobutter, Vollmilchpulver, gehärteten Pflanzenfetten, Soja-Lecithin und Emulgator E 322 – also alles, woraus so ein anständiges Schokoweihnachtsmänner-Sperma besteht.
In den ersten Schokoweihnachtsmann wird dann vorne noch ein kleines Loch gemacht, und dem anderen wird sein Zipfelmützchen weggenommen.
Dann werden die beiden Schokoweihnachtsmänner miteinander über Nacht allein gelassen – und es passiert genau das, was immer passiert, wenn einer von zwei Weihnachtsmännern auf einmal eine Frau ist, die der andere zum Anbeißen süß findet: Der Weihnachtsmann kommt.

Am nächsten Tag erleidet der erste Schokoweihnachtsmann das übliche Männerschicksal: Er wird weggeworfen, eingestampft, eingeschmolzen oder schlicht und einfach aufgegessen.
Der zweite Schokoweihnachtsmann kriegt einen immer dickeren Bauch, und nach neun Monaten wird eine Million kleiner Schoko-Weihnachtsbabies geboren, die dann mit Muttermilka hochgepäppelt werden.
Ein paar Tausend kommen viel zu früh auf die Welt, und das sind dann die Milka-Schokolade-Osterhasen.
Manchmal gibt es auch Mißgeburten aus heller und dunkler Schokolade.
Oder Albinos, die sind ganz weiß.
Und die Schokoladetafeln sind die Nachgeburt.

So, das war jetzt eine kleine, geschmacklose Einführung in die Schokoweihnachtsmänner-Gynäkologie.

Die Weihnachtsfrau

Ein Weihnachtsmann wünschte sich sehr,
Daß er nicht mehr alleine wär'.
Er sprach zu Gott: „Du weißt genau,
Ich wünsch' mir eine Weihnachtsfrau,
So ganz und gar nach meiner Art!"
Da gab ihm Gott ein Weib mit Bart.
Seither ist unser Weihnachtsmann
Von Frauen nicht mehr angetan.

WEIHNACHTSFESTFRESSEN

Warum C+M+B nicht
„Caspar, Melchior und Balthasar" heißt, sondern
„Cholesterin, Magenschmerzen und Brechdurchfall".

Leise rieselt der Schmäh oder: Der Festfresser

Das Schöne an der Vorweihnachtszeit sind die zahllosen Weihnachtsfeiern, die tagtäglich in den Extrazimmern von Beiseln, Gasthöfen und Restaurants abgehalten werden. Da sitzen ganze Firmenbelegschaften einträchtig an tannenzweiglein- und kerzengeschmückten Tischen und sind verlegen.
Je größer die Firma und damit die Mitarbeiterzahl ist, desto verlegener sitzen alle da. Erstens, weil keiner weiß, wer die Leute am Nebentisch sind („Sag mal, ist das nicht die aus der Buchhaltung?" „Nö, das ist doch die große Blonde aus dem Expedit, oder?" „Expedit? Haben wir so eine Abteilung überhaupt?").
Zweitens, weil man den Damen anmerkt, daß sie frisch von Friseur kommen, einander mit abschätzendem Blick mustern und die Höhe der Friseurrechnung zu erraten trachten („Wahnsinn! Für die Fransen hat die doch glatt zweihundert bezahlt! Aber das weiß man ja, daß sie das alles nur macht, weil sie sich den Juniorchef angeln will, die blöde Kuh!").
Drittens, weil sich die Herren in den dunklen Anzügen schrecklich ungemütlich fühlen und nicht wissen, ob man vor der Rede des Herrn Direktor schon ein Bier trinken und eine Zigarette rauchen darf („Mensch, wann kommt denn der Alte endlich? Oder muß er noch Entlassungen unterschreiben?").
Und viertens, weil man ganz genau weiß, daß einem der Chef zu fortgeschrittener Stunde zwischen zwei Weihnachtsliedern weinselig das Duwort anbieten wird – wie

schon bei den vergangenen drei Weihnachtsfeiern – um am nächsten Tag wieder mit eiskalter Miene „Sie“ zu sagen ... Aber genau diese großen Weihnachtsfeiern mit mindestens hundert Personen, die sind es, die ich liebe. Mitte November setze ich mich nämlich jedes Jahr ans Telefon, rufe die Betriebsräte der großen Firmen in meiner Stadt an und erkundige mich nach Ort und Termin der Firmenweihnachtsfeier. Als Vorwand gebe ich an, ein Künstler zu sein, der auf einer singenden Säge „Stille Nacht“ spielen kann und gerne bei der Weihnachtsfeier auftreten würde. Dieses Angebot wird zwar immer abgelehnt – aber dafür füllt sich mein Terminkalender mit Weihnachtsfeierterminen! Sechs Wochen lang, bis zum 24. Dezember und manchmal sogar bis Silvester allabendlich eine große Weihnachtsfeier mit Aperitif, fünfgängigem Menü oder Riesenbüfett, Weihnachtsbäckereien, Wein, Cognac ... alles gratis, alles auf Firmenkosten!
Weil diese Firmen so groß sind, daß, wie gesagt, keiner weiß, wer der andere ist, fällt es nämlich überhaupt nicht auf, wenn ich mich unter die Gäste mische und so tue, als gehöre ich dazu. Auf diese Art und Weise futtere und saufe ich mich bis zum Jahresende luxuriös durch, ohne einen einzigen Cent bezahlen zu müssen. Ausgenommen für meinen schwarzen Leihanzug, aber die Leihgebühr ist mir dieses Vergnügen wert.
Bei meinen ersten Firmenweihnachtsfeierbesuchen fürchtete ich noch, bei Tischgesprächen über firmeninterne Themen durch meine mangelnde Sachkenntnis aufzufallen – manchmal weiß ich ja überhaupt nicht, welcher Branche ich gerade mein Gratis-Festessen verdanke – aber schon nach kurzer Zeit verfügte ich über ein Satz-Repertoire,

das ich in jedem Gespräch einsetzen konnte, egal, ob sich die Diskussion um Autozubehör, Pharmaprodukte, Fleischhauereigeräte, Computeranlagen, Teesorten oder Reißverschlüsse drehte.
Zum Beispiel wird mein Satz „Was unser technisches Know-how betrifft, sind wir halt der Konkurrenz um Nasenlängen voraus!“ immer mit zustimmendem Kopfnicken bedacht. Auch der Satz „Wir müssen das Konjunkturtief durchtauchen!“ kommt immer ausgezeichnet an. Werfe ich den Satz „Die Computertechnologie wird noch viel verändern, aber auf den menschlichen Faktor kommt es an!“ in die Runde, herrscht allgemeine Begeisterung, ich gelte sofort als progressiver Jungmanager und werde mit „Herr Doktor“ angesprochen.
Hin und wieder gerate ich in eine Gesprächsrunde, bei der ich allerdings überhaupt kein Wort mehr verstehe – für diesen Fall habe ich mir folgenden Rettungssatz zurechtgelegt: „Sagt einmal, stimmt es, daß die Neue ein Verhältnis mit dem Prokuristen hat?“ Dieser Satz stimmt für jede Firma und bringt das Gespräch schlagartig auf ein Thema, über das sich alle begeistert ihren Mund zerreißen – und mich in Ruhe essen lassen.
Manchmal, wenn ich zuviel getrunken habe, sticht mich der Hafer, ich schlage mit dem Löffel an mein Weinglas, erhebe mich, bitte um Ruhe und halte eine kurze Rede:
„Sehr geehrter Herr Direktor! Liebe Kolleginnen und Kollegen! Ein Jahr, erfüllt mit Arbeit und Leistung, liegt hinter uns. Viele von uns sind schon sehr lange in unserem Unternehmen, manche etwas kürzer, und ein paar erst seit einiger Zeit. Wir alle sind uns einig: Wir sind stolz darauf, daran mitwirken zu dürfen, daß es vorwärts geht, auch

wenn uns manchmal der Wind ins Gesicht bläst. Ich sage Ihnen hier und heute: Es gibt keine Schwierigkeiten – es gibt nur Menschen, die welche machen! Auf jeden einzelnen kommt es an, deshalb sind wir eine große Familie, besonders heute bei dieser schönen Weihnachtsfeier. Deshalb erhebe ich mein Glas und trinke auf die Zukunft mit dem Bekenntnis: Wir alle glauben an den Weihnachtsmann! Prost!“
Mit dieser Ansprache hatte ich bisher immer überwältigenden Erfolg. Nur ein einziges Mal blickten mich hinterher hundertfünfzig schmale, schräge Augenpaare verständnislos an – ich war irrtümlich in die Weihnachtsfeier eines japanischen Elektronikkonzerns geraten, worauf ich mich mit den Worten „Harakiri mitsubishi toyota kamikaze sayonara“ verabschiedete und schnell aus dem Restaurant verdrückte.
Aber normalerweise geht alles gut. Nach dem Essen begebe ich mich üblicherweise in die Küche, lobe den Küchenchef und ersuche, etwas Braten, Torte, Weihnachtsgebäck und zwei Flaschen Burgunder einzupacken und mir für den Seniorchef mitzugeben. Auf diese Art kann ich mir einen schönen Vorrat für die Nachweihnachtszeit anlegen.
Wenn mir das in allen Restaurants gleiche Weihnachtsessen (Forelle in Aspik, Zür'cher G'schnetzeltes, Zimteis-Parfait, Sachertorte, Konfekt) schon zum Hals heraushängt, wechsle ich die Rolle, stelle mich an die Eingangstür und begrüße die Gäste „Im Namen des Hauses“. Die Firmenangehörigen halten mich für den Restaurantchef, und das Restaurant-Personal hält mich für den Gottoberen der Firma.

Während der Weihnachtsfeier treibe ich mich dann immer in der Küche herum, bitte den Koch, auf das plötzlich aufgetretene Magenleiden des Firmenchefs Rücksicht zu nehmen, lasse mir diesbezügliche Extra-Menü-Vorschläge machen, koste dies, koste das, verzehre Truthahnbeinchen, Krabbenschwänzchen und halbe Steaks, lobe die Küche und das Entgegenkommen in höchsten Tönen und verspreche, sämtliche Tagungen und Firmenessen künftig hier abzuhalten. Bevor sich der Firmenchef beschweren kommt, warum er als einziger wie ein Magenkranker nur eine dünne Hühnersuppe und eine kleine Portion Milchreis serviert bekommen habe, verschwinde ich still und heimlich – nicht ohne zuvor mit der hübschen Serviererin ein Rendezvous vereinbart zu haben ...
Jetzt wissen Sie, warum die Vorweihnachtszeit für mich die schönste Zeit ist.
Und nach den Weihnachtsfeiern kommen die Silvesterfeiern, die Haus- und Hotelbälle, danach Osterfirmenessen, Sommerfeste ... Ich muß sagen, unsere Unternehmen und Gastronomiebetriebe lassen es sich wirklich etwas kosten, daß es mir gut geht.
Ich habe nur eine Bitte: Verraten Sie den Trick nicht meinen Kollegen, die mit mir unter der Brücke schlafen.

Weihnachtsarbeitskampf

An den Weihnachtsfeiertagen,
Da geht es der Leber schlecht
Und auch Nieren, Milz und Magen –
Uns're Welt ist ungerecht!
Jeder Mensch genießt die freien
Tage und hat arbeitsfrei,
Nur die armen Innereien
Kriegen Arbeit gleich für Drei!

Darum schritt man jetzt zur Gründung
Einer Innerei'npartei
Und beschloß gleich die Verkündung
Des Programmes für die Weih-
nachts- und andern Feiertage.
Darin heißt es klar, es ist
Schluß mit Mehrverdauungsplage!
Man hat frei wie jeder Christ!

Leber, Galle, Milz und Nieren,
Pankreas, Zwölffingerdarm
Werden kräftig rebellieren,
Und der Magen schreit Alarm,
Droht man ihm mit süßen, fetten
Speisen, und der Glühwein rinnt –
Und ich trau' mich nicht zu wetten,
Wer den Arbeitskampf gewinnt ...

Lebenshilfe-Gedicht
für Weight-Watcher-Weihnachtsfeiern

Der Schoko-Engel

Auf einem Christbaum hing einmal
Ein kleiner Weihnachtsengel,
Der fand sich gar nicht ideal
Und klagte über Mängel:
Er war aus süßem Marzipan
In Schokoladehülle –
Und dieses sah man ihm auch an
An seiner Leibesfülle.
Er wär' so gerne rank und schlank
Statt kugelrund gewesen.
Wer Süßes liebt, wird dick und krank,
Das hatte er gelesen.
Er schwor: „Schoko-Totalverzicht!
Nie wieder Süßigkeiten!
Auch Marzipan gibt's für mich nicht
Ab jetzt für alle Zeiten!"
Jedoch die ganze Schlankheitskur,
Die brachte ihm kein Glück.
Denn Süßes war seine Natur!
Und deshalb blieb er dick.
Und wer jetzt die Moral vermißt –
Hier steht sie schon geschrieben:
Wenn du aus Schokolade bist,
Lern' Schokolade lieben!

Neue Weihnachtskekse

Ei, was ist das für ein Duft?
Mutter bäckt den Weihnachtsstollen!
Zimtgeruch liegt in der Luft,
Weil wir Kekse kriegen sollen!
Und ich weiß, in diesem Jahr
Werden Weihnachtskeks besonders
Süß und fein und wunderbar –
Wenn vielleicht auch etwas onders!

Nüsse, Zucker, Mandelkern ...
All die guten, feinen Sachen
Nimmt die Mutter, um draus gern
Uns're Weihnachtskeks zu machen!
Und damit der Teig auch fein
Werde, kommt noch eine Spur
Von dem Soja-Mehle rein,
Ganz nach Omas Rezeptur.

Und ich freue mich schon stille
Auf die Spekulatius,
Nußstern', Kipferl mit Vanille,
Genmanipulatius ...
Ob sich Kekse wie im Märchen
Ändern durch das fremde Gen?
Kriegen Kekse plötzlich Härchen?
Werden sie zu Gummibärchen?
Komm, greif' zu! Dann wirst Du's seh'n ...

Übergewichtiges Naturgesetz

An den Weihnachtsfeiertagen
Ist das Fressen Pflicht,
Und dann zeigen uns die Waagen
Unser Angstgewicht.
Außerdem spannt's um die Mitte
Und der Bauch ist groß –
Jedes Kilo hört die Bitte:
„Bitte, laß uns los!"

Also werden wir jetzt schuften,
Kilos wegtrainier'n!
Doch wohin soll das verduften,
Was wir so verlier'n?
Wie wir in der Schule lernten,
Masse bleibt besteh'n!
Wenn die Kilos sich entfernen,
Sag', wohin sie geh'n?

Sich einfach in Nichts auflösen
Können sie ja nicht –
Kriegt ein and'rer jetzt die bösen
Kilos Überg'wicht?
Wie recyclen sich die Pfunde,
Die jetzt kiloweis'
Von uns purzeln Stund' um Stunde,
Wie schließt sich der Kreis?

Ach, ich fürcht', die Kilos lauern
Irgendwo im Eck,
Wo sie Wochen überdauern
Nur zu einem Zweck:
Völlig unvermutet springen
Sie uns wieder an!
Tja, vergeblich sind das Ringen
Und der Schlankheitswahn!

Kilos sind und Kilos bleiben!
's ist Naturgesetz!
Was Vital-Journale schreiben –
Alles bloß Geschwätz!
Die Moral aus diesen Zeilen
(Wenn man eine möcht'):
Die Natur war beim Verteilen
Einfach ungerecht!

Was die Mageren gern hätten,
Regt die Dicken auf!
Was zuviel ist an den Fetten,
G'hört auf Dünne drauf!
Doch die meisten jubeln heiter:
„Ostern paßt mein Kleid!"
Tja, zu Ostern seh'n wir weiter –
Wieder Fressenszeit ...!

Christkindlmarktzirkus

Herrreinspaziert, meine Herrren und Damen!
Ich begrüße Sie hochoffiziell und im Namen
Der Christkindlmarktzirkusdirektionen!
Hier gibt es die grrrößten Adventsensationen!

Es werrrden Euch wirrrkliche Wunder geboten:
Hier wirrrd teurer Glühwein aus billigem Roten!
Errrlebt, wie die Zaubererrr in ihren Standeln
Wasserrr und schlechten Rum in Punsch verrrwandeln!

Genießt es, die Folienkarrrtoffeln zu speisen
Von Papptellern zu Viersterrrnrestaurantpreisen!
Und wenn halbe Erdäpfel zu Boden platschen,
Errrfreut Euch daran, in den Gatsch rrrreinzulatschen!

Und öffnet die Brieftaschen für all die Wunderrr:
Den Made-in-Taiwan-Plastikkitsch-Weihnachtsplunder,
Die Sternderl, die Engerl und die Filzpantoffel –
Und dann wiederrr Glühwein samt Folienkarrrtoffel!

Herrreinspaziert in das Vorweihnachtsland!
In die Winterrrversion vom Ballermannstrrrand!
Der Circus Adventus, der hat für Euch offen!
Ab jetzt wird bis Weihnachten nichts als gesoffen!

Genießt das Gewühl und das Menschengedrrränge!
Errrlebt klaustrophobische Nähe und Enge!
Im Namen derrr Direktion wirrrd gebeten,
Im Massenauflauf nicht auf Kinder zu trrreten!

Weihnachtsbenefiz

Man weiß ganz besonders in Vorweihnachtstagen
Zum „Kampf gegen Hunger auf unserer Welt"
Auf sehr vielen Tagungen sehr viel zu sagen:
Als Anfang wird für alle Fruchtsaft bestellt,
Dann spricht einer etwas von Seuchen und Viren,
Das kann man bei Rahmsoß' und Hirschkalbfilet
Zu Mittag dann überaus gut diskutieren,
Danach gibt's noch Weichseln in Zimteisparfait.

Dann zeigt einer Dias von steinigen Zonen
Und spricht von Problemen der Wüstenbebauung,
Dazu gibt's Kaffee – nur aus Dritte-Welt-Bohnen! –
Der wirkt äußerst vorteilhaft auf die Verdauung,
Dann gibt es noch Volkstanz, dazu ein paar Bissen
Von Maiskuchenfladen, die kauft man spontan,
Und jeder spürt abends mit gutem Gewissen:
Heut' hat er was gegen den Hunger getan!

Gesunder Christbaumschmuck

Statt Schoko mit viel Alkohol:
Laktobazill'n in Stanniol!
Auch Zuckerringe werden jetzt
Durch Bifidus-Kultur'n ersetzt!

Der Mikroorganismenschmuck
Bewahrt Euch vor dem Magendruck!
Und statt Likörfläschchen: Kombucha!
Auf daß die Darmflora schön wucha!

Geschmückt mit Caseï-Kulturen
Und mit Fermenten, bio-puren –
So wird der Christbaumschmuck gesund,
Und Ihr freßt Euch nicht kugelrund!

Nicht süß, nicht fett, nicht alkoholisch –
Makrobiotisch ist katholisch!

Weihnachtskrankheiten

Ich weiß nicht, ob Sie das wissen, aber die meisten Menschen macht Weihnachten ja regelrecht krank.
Neben dem immer pünktlich am Heiligen Abend ausbrechenden Weihnachtsliedertext-Alzheimer, der nur ein dürftiges Textsurrogat aus

Stille Nacht, heilige Nacht,
Alles schläft, leise rieselt der Schnee,
O Tannenbaum, o Tannenbaum,
Es ist ein Ros' entsprungen,
Wie grün sind deine Blätter,
Schläft in himmlischer Ruh,
Auch im Winter, wenn es schneit –

übrig läßt, zählt die so genannte Weihnachtsgrippe zu den bekanntesten Weihnachtskrankheiten.

Bei der Weihnachtsgrippe überfallen einen aus Holz geschnitzte oder aus Plastik gepreßte menschen- und tierförmige Grippeviren und infizieren einen mit einer tiefen Weihnachtsdepression, die mindestens bis Silvester andauert und die man nur mit literweise Glühwein oder Punsch bekämpfen kann.

Viele Menschen leiden in der Weihnachtszeit auch unter einer plötzlich auftretenden Placido-Domingo-Allergie, die sich zu Pavarotti-Asthma-Anfällen steigert und sogar zu Carreras-Erstickungsattacken führen kann.
Menschen, die dagegen bereits durch jahrelanges therapeutisches vorweihnachtliches Dauer-Radiohören und Christmas-in-Vienna-Fernsehen immunisiert sind, werden

dafür neuerdings von Helmut-Lotti-Erbrechen, Andrea-Bocelli-Hörstürzen und André-Rieu-Krätze heimgesucht.

Bekannt ist auch die temporäre Weihnachtsgeschenke-Demenz, bei der man schlagartig so verblödet, daß man nicht mehr weiß, welche Weihnachtsgeschenke man wem schenken wollte und deshalb für alle Familienmitglieder in Seidenpapier eingewickelte Essiggurken unter den Christbaum legt.

Die beliebteste Weihnachtskrankheit ist jedoch die galoppierende Christmas-Diarrhoe. Man nennt sie auch Advent-Ruhr oder Weihnachtsdurchfall – also, um es einfach auszudrücken, das ist das, was auch sicherlich manche von Ihnen haben, nämlich dann, wenn Sie schlicht und ergreifend auf Weihnachten scheißen!!!

CRAZY X-MAS

Warum Osterhasen, Weihnachtsmänner, die Heiligen Drei Könige und der Teufel ganz anders Weihnachten feiern als wir.

Osterhasenweihnacht

Wenn die Osterhasen Weihnachten feiern, Mann, da ist was los!
Weil die Osterhasen um diese Jahreszeit alle Urlaub haben, treffen sie sich zu Weihnachten immer auf den Osterinseln. Dort löffeln sie mit ihren Löffeln hektoliterweise Eierlikör, bis es auf den Osterinseln zugeht, wie in einem Hasenstall.
In den Stall stellen sie eine Krippe; zwei Osterhasen spielen Maria und Josef, ein Osterhase flattert mit seinen Ohren und macht auf Verkündigungsengel, und alle anderen Osterhasen spielen Ochsen, Esel und Hirtenknaben.
Nur die Krippe bleibt leer, weil sich der Jesushase irgendwo auf der Osterinsel nach altem Osterhasenbrauch in einem Weihnachtsnestchen verstecken muß.
Die anderen Osterhasen müssen dann den Jesushasen suchen. Dazu singen sie das berühmte Osterhasenweihnachtslied:

„Es ist ein Has' entsprungen
aus einem Hasenstall,
wie uns die Alten sungen,
doch das ist uns egal!"

Der Jesushase wird nämlich prinzipiell nicht gefunden, weil die Osterhasen auf diese Art erreichen wollen, daß die kommenden Ostern in Ermangelung des Hauptdarstellers ausfallen.
Die Osterhasen haben nämlich nur einen einzigen Weihnachtswunsch: Sie möchten endlich einmal zu Ostern

Urlaub auf den Weihnachtsinseln machen!
Dort würden sie sich dann weiße Bärte umhängen, rote Zipfelmützen aufsetzen, als Ostermänner die Kinder erschrecken und hinterher bei der Polizei erklären: „Mein Name ist Hase, ich weiß von nichts. Fröhliche Pfingsten, Sie gehen mir ganz schön auf den Heiligen Geist!“

Ja, so ist das, wenn die Osterhasen Weihnachten feiern. Und wenn sie nicht gebraten sind, dann rammeln sie noch heute.

Weihnachtsmännerweihnacht

Wenn die Weihnachtsmänner Weihnachten feiern, dann ist Weihnachten immer schon vorbei, weil die Weihnachtsmänner zu Weihnachten logischerweise keine Zeit haben, Weihnachten zu feiern.

Deshalb bekommen sie auch keine Weihnachtsgeschenke. Denn erstens gibt's nach Weihnachten prinzipiell keine Weihnachtsgeschenke. Und zweitens gibt es keinen einzigen Weihnachtsmann, der noch an den Weihnachtsmann glaubt. Das ist wie bei den Politikern. Die wären ja auch schön blöd, wenn sie an sich und ihresgleichen glauben würden. An einen zu glauben, das ist immer die Sache der anderen.

Wenn also die Weihnachtsmänner nach Weihnachten Weihnachten feiern, ziehen sie sich Boxhandschuhe an, stellen sich alle gemeinsam in einen Boxring und dreschen wie die Wilden aufeinander ein, wobei keiner dem anderen was schenkt. Denn für Weihnachtsmänner ist es das allergrößte Vergnügen, wenn sie sich einmal nichts schenken müssen.

Dann stellen sich alle Weihnachtsmänner mit blutig geschlagenen Gesichtern im Kreis auf und singen das traditionelle Weihnachtsmänner-Nachweihnachtslied:

Stille Nacht, heilige Nacht,
Jeder schlägt, daß es kracht
Und so fest er schlagen kann,
Einem andern Weihnachtsmann
Das Gesicht beinah' zu Brei,
Denn die Zeit ist jetzt vorbei,
In der jeder sich verstellt
Und beschwört, daß er nichts hält
Davon, aggressiv zu sein;
Jeder schlägt jetzt wieder ein
Auf den nächsten, wie's ihn freut –
Bis zur nächsten Weihnachtszeit!"

Heiligedreikönigsweihnacht

Wenn die Heiligen Drei Könige Weihnachten feiern, kommen sie jedesmal zu spät, denn am sechsten Jänner ist bekanntlich schon alles gelaufen. Deshalb gehen die Heiligen Drei Könige dann immer mit dem Kaplan, der sie begleitet, hinters Haus und verdreschen ihn.
Wenn sie damit fertig sind, fahren sie zum Dreikönigsspringen nach Bischofshofen und bringen dem Sieger der Vierschanzentournee Gold, Myrrhe und Weihrauch.
Auf diese Art machten sie zum Beispiel einmal aus einem Skispringer namens Andreas Berger einen Goldberger, der sich daraufhin sofort mit Weihrauch einrauchte, worauf sein Trainer ziemlich myrrhisch reagierte.
Nach dem Dreikönigsspringen hören sich die Heiligen Drei Könige eine CD mit den Drei Tenören an. Diese CD ist ein Geschenk des Kaplans, der das jedes Jahr für eine originelle Idee hält. Deshalb gehen die Heiligen Drei Könige dann wieder zum Kaplan, um ihn zu verdreschen, damit er ihnen das nächstemal Andrea Bocelli und Helmut Lotti schenkt.
Der Kaplan beschwert sich darauf über die Heiligen Drei Könige beim Bischof, der dann die Heiligen Drei Könige zu sich ruft und so lange verdrischt, bis sie nur noch lauter Sterne sehen.
Dem größten unter den Sternen müssen sie dann ein Jahr lang nachlaufen, bis ihnen die Füße so weh tun, daß sie die Sterne singen hören.
Auf diese Weise entstand der schöne Brauch des Sternsingens.

Höllenweihnacht

Weihnachten wird natürlich auch in der Hölle gefeiert. Diesen Spaß lassen sich Satan & Co auf keinen Fall entgehen.
In der ganzen Hölle duftet es köstlich nach Gebratenem, feine Spießchen werden vorbereitet und aus allen Lautsprechern ertönen ununterbrochen Weihnachtslieder, gesungen von den Drei Tenören. Das Schönste aber ist die Weihnachtskrippe, deren Figuren von den Insassen der Hölle höchstpersönlich dargestellt werden.
Heißa! – endlich eine Geschichte, in der dieses Wort sinnvoll und logisch eingesetzt werden kann – heißa!, was für eine Aufregung herrscht da jedes Jahr, wenn die Darsteller der Krippenfiguren ausgesucht werden! Da ist buchstäblich die Hölle los!
Adolf Hitler, der traditionellerweise alljährlich als Jesusknabe in der Krippe liegen muß, brüllt mit überschnappender Stimme:
„Deutsche Höllengenossen! Ech währe mech auf das Entschödenste dagögen, daß ech jödes Jahr dos onöhölöchö Könd einer jödisch-bolschewistischen Jongfrau spölen soll! Döses lößt sich mit meuner germanisch-költisch-arischön Hörkonft ebensowönig vereinbaren, wie die Tatsache, doß ech noch euner Woche beschnötten wörde, wo doch gar nichts möhr zum Beschnöttenwörden do ist! Döses Johr soll geföllìgst der Goebbels den Jösusknoben spölen oder mein Földmarschall Göring, der muß sich för den Jösusknoben auch nöcht wie ech den Schnorrbart obrasören lossen! Sieg Höll!“

Aber Göring ist als ehemaliger Oberbefehlshaber der Luftwaffe bereits auf die Darstellung eines Blasengels abonniert, Goebbels spielt die Maria, und Karl Marx muß wegen seines schönen Rauschebartes den Josef mimen. Engels spielt kraft seines Namens logischerweise den Verkündigungsengel, Ochs und Esel werden vom Ehepaar Ceaucescu dargestellt, Lenin, Mussolini und Mao Tse Tung sind drei Hirtenknaben, und der Rest der prominenten Höllenbewohner von Kaiser Nero über Napoleon bis zu Hindenburg und Breschnjew spielt die blökende Schafherde.
Über der Krippe muß Kaiser Franz-Joseph schweben – ja, auch er ist in der Hölle! Er spielt das gütige Auge Gottes, blickt auf die Weihnachtsszene herunter und muß sagen: „Mir bleibt auch nichts erspart!“
Und dann greift Stalin in die Tasten der Stalinorgel und die Millionen Mitglieder des höllischen Gesangsvereins singen unter der Leitung von Herbert von Karajan nach der Melodie von „O Tannenbaum“:

O Luzifer, o Luzifer,
Ich schwitze in der Hölle!
Ich schwitz' nicht nur zur Sommerszeit,
Nein auch im Winter, wenn es schneit!
O Luzifer, o Luzifer,
Bin eine arme Sölle!

Und dann kommt der Teufel persönlich als Weihnachtsmann und alle bekommen ihre Weihnachtsgeschenke: Für alle Männer gibt's Krawatten und für alle Frauen 4711. Und so geht das Jahr für Jahr für Jahr ... Es ist die Hölle!

XXX-MAS-LEGENDEN

Warum die Weihnachtsverwunderung oft nur
ein heiliger Schein ist, der trügt.

Die wahre Einachtsgeschichte

Nachdem Maria vom Heiligen Geist informiert worden war, daß sie ihr Kind als Jungfrau auf die Welt bringen müsse, begann sie nach einer dafür geeigneten Methode Ausschau zu halten. Die beste fand sie bei den Hühnern, weshalb sie sofort nach einem passenden Stall suchte, in welchem sie ein weiches Nestchen bauen konnte.
Pünktlich am Eiligen Abend fiel – als eidottergelber Komet weithin sichtbar – ein Ei vom Himmel direkt ins gemachte Nest, und Maria setzte sich darauf, um es auszubrüten, was in den berühmten Einachtsliedern „Ihr Kinderlein Komet" und „Eitschi-bumbeitschi" lückenlos dokumentiert wurde.
Auf diese Weise kam nicht nur der Eiland in unsere Welt, sondern auch die quälende, philosophische Frage:
Was war zuerst?
Die Urchristen?
Das Ur-Ei?
Oder die Eier-Uhr?

Eine schöne Bescherung

Wie gesagt: Da liegt er nun in der Krippe, der angeblich gelockte Knabe, lutscht am Daumen und pinkelt das Stroh voll. Aber weil auch bei einer göttlichen Niederkunft alles seine Ordnung haben muß, kommt ein Beamter des Magistrates von Bethlehem in den Stall, um alle notwendigen Daten aufzunehmen.

„No, mechten Sie mir bitte Ihren Namen und Ihren Beruf angeben", fragt er Maria.
„Jo sihalich", antwortet Maria, „i haaß Miriam, geborene Jungfrau. Und vun Beruf bin i Heilige Mutta!"
Der Beamte schaut Maria etwas ungläubig an und macht dann doch die entsprechenden Eintragungen. Als er den Namen „Josef" in die Rubrik „Name des Vaters" schreiben will, hält ihn Maria zurück.
„Na, na nix do in Pepi einischreim! Da Pepi is nix da Papa, da Papa is da Heilige Geist, hotta gsogt, der Herr, der wos mi b'suchen kommen is!"
Der Beamte schreibt kopfschüttelnd „Vater unbekannt, Mutter noch nicht sexuell aufgeklärt" in sein Formular. Dann fragt er: „No und des Jüngelchen? Was mecht denn des Jüngelchen amal wern solln?"
„Jo, wosn wull? Alesa wirda wern, da Bua, eh kloar!" antwortet Maria.
„No, bitt' ich Sie um Entschuldigung, mecht ich Sie nicht verstanden haben – was soll er werd'n?"
„Alesa – wosn sunst, ha?"

Der Beamte versteht noch immer nicht. Mühsam formuliert Maria in Schriftsprache: „Er-lö-ser sull er wern. Er-lö-ser!“
Der Beamte schlägt die Hände über dem Kopf zusammen. „Erleser soll er wern! No, das mecht vielleicht a anständiger Beruf sein fir an jungen Menschen! Erleser – ich bitt' Sie! Nebbich! Die Katholiken gibt's no net und die Nazis kommen auch erst in zweitausend Jahr' – von was, bitteschön, sull er uns erlesen? Mir brauchen kein' Erleser, mir brauchen Zimmerleut'. Die Nachfrage nach Holzkreuzen mecht in nächster Zeit angeblich ganz gewaltig steigen! Da kann er an Reibach damit machen. Also überlegen Sie sich das mit'm Erleser, junge Frau.“
Der Beamte geht.

In diesem Moment taucht zwischen den Köpfen von Ochs und Esel an der Krippe der Kopf von Marcel Reich-Ranicki auf.
„Was für eine lächerliche Geschichte, dieses Weihnachtsevangelium! Schlecht erfunden, schlecht geschrieben und außerdem viel zu kurz! Kein Wunder, daß man von diesem Autor – wie heißt er doch? Ach ja, Lukas Evangelista – nie wieder etwas gehört hat! Mein Gott, was wäre aus dieser Geschichte geworden, wenn sie Thomas Mann geschrieben hätte! Oder wenigstens Franz Kafka!“

Pünktlich aufs Stichwort betritt Kafka als Hirte verkleidet den Stall und liest den Anfang seiner Erzählung „Die Verwandlung“:
„Als Gregor Samsa eines Morgens aus unruhigen Träumen erwachte, fand er sich in einer Krippe in den Sohn

Gottes verwandelt. Er lag auf seinem Rücken und sah, wenn er den Kopf ein wenig hob, eine blasse Frau und einen vergrämten Mann lächelnd auf ihn herabblickend und unablässig die dicken Schmeißfliegen verscheuchend, die sich auf seine Brust und auf sein Gesicht setzen wollten. Wie wäre es, wenn ich noch ein wenig weiterschliefe und alle Narrheiten vergäße, dachte er, aber das war gänzlich undurchführbar, denn er war gewohnt, auf der Seite liegend einzuschlafen. Aber wenn er sich jetzt auf die Seite drehen wollte, wurde er immer sofort von einem Maler namens Tintoretto auf den Rücken zurückgelegt, und die blasse Dame flüsterte ihm streng zu: ‚Wirst du wohl ruhig liegen bleiben, bis der Herr Professor sein Bild von der Heiligen Familie fertiggemalt hat!'"

„Jaaa, das ist ein Text!" ruft Reich-Ranicki begeistert. „Das ist Literatur, die mich interessiert! Oder Thomas Bernhard! Was für einen unsterblichen Text hätte Bernhard aus diesem belanglosen Thema gemacht!"

Und wieder pünktlich aufs Stichwort schwebt plötzlich Bernhard Minetti im Kostüm des Erzengels über der Krippe und monologisiert:
„Was, hier? Als ob ich es geahnt hätte!! Bethlehem, mein Herr, Bethlehem ist abzulehnen! In Bethlehem wohnen die geistlosesten und dümmsten Menschen, mein Herr, geschmacklos und abgeschmackt.
Noch nie, mein Herr, noch nie habe ich in Bethlehem ein wirklich gutes Vanillekipferl bekommen. Noch nie, mein Herr. Kein Mensch in Bethlehem versteht es, zu Weihnachten wirklich gute Vanillekipferl zu backen.

Bethlehem ist eine Vanillekipferlkulturvernichtungsstadt, mein Herr, mit einer Antivanillekipferlgesellschaft. Gemein und niederträchtig, mein Herr.
Jedes Kind von Natur aus ein bösartiges Vanillekipferlvernichtungsungeheuer.
Bethlehem, nein, mein Herr. Attnang-Puchheim, ja.
In Attnang-Puchheim habe ich die besten Vanillekipferl meines Lebens gegessen. In Attnang-Puchheim, mein Herr. Zuerst einen Teller Essigwurst und dann Vanillekipferl. Einfach himmlisch, mein Herr.
Zuerst Essigwurst und dann Vanillekipferl.
In Attnang-Puchheim, mein Herr, in Attnang-Puchheim, nicht in Bethlehem.
Essigwurst und Vanillekipferl nur in Attnang-Puchheim, mein Herr, nur in Attnang-Puchheim. Nie in Bethlehem. Naturgemäß, mein Herr, naturgemäß."

„Was für ein großartiger Text!" brüllt Reich-Ranicki. „Ein Text, der einem auf der Zunge zergeht, subtil und trotzdem elegant. Wen interessiert schon diese depressive Geschichte von einer Geburt in einem stinkenden Stall, das sind doch Menschen, die mich hier und heute nichts angehen. Vanillekipferl hingegen, Vanillekipferl – das ist das ewige Thema, das Weihnachten erst zu dem macht, was es wirklich ist!"

Und auf einmal kommen vier Hirten und drei Heilige Könige in den Stall und knien nieder, um die Vanillekipferl anzubeten.
Und vom Himmel senkt sich ein Engel herab und spricht: „Ein Wunder muß geschehen! Wirklich, ein großes Wun-

der muß geschehen, wenn aus diesem Text noch eine anständige Weihnachtsgeschichte werden soll!“

Aber leider ...

Die Familie Heilige

Stellen Sie sich vor, zur Zeit von Christi Geburt hätten die Menschen in einem derart hoch entwickelten Sozialstaat gelebt, wie wir heute.

Da haben wir das Ehepaar Heilige Josef und Maria. „Heilige“ ist offensichtlich der Familienname, der kommt in späteren Zeiten ziemlich häufig vor. In schlampigen Übersetzungen aus dem Hebräischen heißt es ja auch immer „Die Heilige Familie“; korrekt übersetzt müßte es natürlich heißen „Die Familie Heilige“. Bestehend aus Josef Heilige und Maria Heilige. Maria hat also damals bei der Eheschließung auf die Vorzüge des neuen Namensrechtes verzichtet und den Familiennamen ihres Mannes angenommen. Aber das nur nebenbei.

Josef Heilige ist Werkstättenleiter in einer verstaatlichten Großzimmerei. Maria Heilige hat die Hauswirtschaftsschule absolviert und seit einiger Zeit einen Hang zum Esoterischen. Deshalb behauptet sie auch, das Kind, mit dem sie schwanger ist, sei nicht von ihrem Mann, sondern von einem Ausserirdischen, der eines Nachts in Gestalt einer weißen Taube über sie gekommen sei.

Ausgerechnet während der Fahrt in den Weihnachtsurlaubsort setzen bei Maria die Wehen ein. Es kommt natürlich nicht zum heute so beliebten und romantisch besungenen Herbergssuchen, sondern Josef Heilige läßt seine Beziehungen als Vorstandsmitglied der Holzarbeiter- und Tischlergewerkschaft spielen und erhält für seine Frau sofort ein Einzelzimmer in der Geburtsabteilung der Bethlehemer Frauenklinik.

Hier wird Maria Heilige von einem etwas schwächlichen Jungen entbunden, der für einige Tage in den Brutkasten, die sogenannte Krippe, gelegt wird.
Für ein Erinnerungsfoto gruppieren sich um diese Krippe das Ehepaar Heilige, daneben der Oberarzt Professor Nathan Ochs und der Gynäkologe Dr. Elias Esel – hier hat auch das Sprichwort von „Ochs und Esel an der Krippe“ seinen Ursprung – umgeben von einigen Schwestern, die wegen ihrer sexuellen Unzugänglichkeit von den Assistenzärzten allgemein als „Engel“ bezeichnet werden (einige allerdings wegen ihres durchaus gegenteiligen Verhaltens als „Blasengerl“).
Nach ein paar Tagen kommen drei Herren der Firma „Drei Könige & Co.“ und bringen als Werbegeschenke Pampers, Penaten und Milupa-Kinderbrei.
Jesus Heilige erlebt eine unbeschwerte Kindheit, erlernt nach der Matura zusätzlich das Zimmermannshandwerk, erhält wegen seines Talentes, Menschen überzeugen zu können, ein Begabtenstipendium zur Absolvierung eines Management- und Marketing-Colleges und wird danach Verkaufs- und Werbeleiter in der Großzimmerei, in der sein Vater mittlerweile Beriebsratsvorsitzender und Prokurist geworden ist.
Jesus Heilige ruft eine neue Produktionssparte ins Leben, nämlich Holzspielzeug für Kinder und kreiert dafür den weltberühmten Verkaufsslogan „Lasset die Kinder zu mir kommen!“ Damit rettet er das Unternehmen vor dem drohenden Konkurs, was ihm bei der Bevölkerung den Ruf einbringt, er könne Tote zum Leben erwecken.
Später landet Jesus Heilige noch einen Coup, mit dem er Tausende von Arbeitsplätze in der in der Zwischenzeit ver-

staatlichten Großzimmerei sichert: Er schließt mit der staatlichen Strafvollzugsbehörde einen Exklusivliefervertrag für Holzkreuze ab.
Der König will ihn daraufhin zum Wirtschaftsminister machen, aber Jesus Heilige antwortet mit dem inzwischen berühmt gewordenen Satz: „Oh Herr, laß diesen Kelch an mir vorübergehen!“ – ein Wunsch, der auch sofort in Erfüllung geht, als die Pharisäerpartei aufdeckt, daß Jesus Heilige bei den Holzkreuzlieferungen Millionen abgezweigt und auf das Schweizer Konto einer Filiale der Vatikanbank seiner Frau Maria Magdalena fließen lassen hat.
Die Bevölkerung ruft erbost „Ans Kreuz mit ihm!“ aber Jesus Heilige verschwindet rechtzeitig mit seinem Geld auf die Bahamas, gerät in Vergessenheit, liest Karl Marx und stirbt mit 93 Jahren.
Sehen Sie, so wäre es gekommen, wenn zur Zeit von Christi Geburt schon jene Verhältnisse geherrscht hätten, wie wir sie heute bei uns haben. Mit Sozialgesetzgebung, Krankenversicherungen, Gewerkschaften und so weiter und so fort.
Deshalb verteidige ich die Steuerbelastungsmaßnahmen der Bundesregierung. Denn erst, wenn wieder so armselige Zustände herrschen wie vor zweitausend Jahren, dann haben wir die Chance, daß endlich wieder ein Messias auf die Welt kommt!

Krippenstreik

Die Gehaltsverhandlungen der internationalen Krippen-Angestellten-Gewerkschaft mit dem himmlischen Arbeitgeberverband stehen kurz vor dem Scheitern.
In einer Presseaussendung stellen die beiden Gewerkschaftssekretäre Maria und Josef unisono fest, daß es unzumutbar sei, seit zweitausend Jahren nach demselben Kollektivvertrag arbeiten zu müssen.
Alle weltweit zur Weihnachtszeit im Dauereinsatz stehenden Ochsen, Esel, Schafe, Hirten, Verkündigungsengel und heiligen Familien hätten sich deshalb dazu entschlossen, in diesem Jahr in den Krippen-Generalstreik zu treten, wenn sie der himmlische Arbeitgeberverband weiter damit vertrösten wolle, die Heiligen Drei Könige würden ohnehin um zweieinviertel Prozent mehr Gold, Myrrhe und Weihrauch bringen.
Zusätzlich zu einer Gehaltserhöhung, die zumindest die Inflation der vergangenen zweitausend Jahre abgelten soll, fordert die Krippen-Angestellten-Gewerkschaft eine Überprüfung ihres Arbeitsplatzes durch das Arbeitsinspektorat. Es wird darauf hingewiesen, daß die hygienischen Zustände unter jeder Kritik seien, und man könne am Beginn des 21. Jahrhunderts nicht mehr von den Krippen-Angestellten verlangen, in einem kalten, verdreckten Stall bei Kerzenlicht zu arbeiten. Von der Infektionsgefahr bei der Geburt ganz zu schweigen. Abgesehen davon seien die traditionellen Weihnachtskrippen auch architektonisch das Allerallerhinterletzte!
Der Vorsitzende der Krippen-Angestellten-Gewerkschaft, Genosse Jesus von Nazareth, protestiert außer-

dem bei der österreichischen Bundesregierung gegen die Stiftungssteuer, die ihn als weltbekannten Religions-Stifter natürlich besonders trifft.
Der Finanzminister hat daraufhin Kardinal Franz König um Vermittlung gebeten, weil er ihn für einen der Heiligen Drei Könige hält.
Die Verhandlungen werden am 23. Dezember fortgesetzt.
Und dann werden wir ja sehen, ob heuer am 24. Dezember die Krippen unter den Weihnachtsbäumen wegen des Generalstreiks leer bleiben.

Das Jahr des Herrn?

O Tannenbaum, o Tannenbaum,
Du trägst dein schönstes Kleid.
Klein Jesus sagt: „Ich glaub' es kaum,
Schon wieder Weihnachtszeit!

Ich wurde doch in diesem Stall
Schon letztes Jahr geboren.
Was habe ich, verdammt noch mal,
Schon wieder hier verloren?

Auch nächstes Jahr ist es so weit,
Das hat doch keinen Reiz.
Und zwischendurch zur Osterzeit,
Da schlägt man mich ans Kreuz.

In einem halben Jahr passiert
Für mich mein ganzes Leben:
Kaum stubenrein – schon abserviert!
Das muß man sich mal geben!

So lieg' ich also hier ganz still
Als holder Jesusknab',
Und weil der Pfarrer es so will
Grins' ich mir einen ab.

Doch nächstes Jahr, ich sag's schon heut',
Da laß' ich euch allein:
Ich will nicht mehr zur Weihnachtszeit
Für euch der Teschek sein!"

Der Weihnachtsstall

Wenn Kinder mit den Weihnachtssachen
Zuhause einen Saustall machen,
Und dann die Eltern wütend schäumen,
Den Saustall endlich aufzuräumen –
Bedenkt in Eurem Ordnungswahn:
In einem Stall fing alles an!
Schreibt Euch das hinter Eure Ohren:
Maria hat im Stall geboren!
Ob Saustall oder Rinderstall –
Ein Stall war es auf jeden Fall!

Das Wunder der unbefleckten Empfängnis in Schüttelreimen

Ein Mädchen sprach im Mainachtswahn:
„Ich hätt' gern einen Weihnachtsmann!"

Sie wünscht sich seine süße Nähe,
Auf daß sie seine Nüsse sähe.

Er sprach in seinen weißen Bart:
„Ich werde dich jetzt beißen, wart'!"

Danach sprach er: „Ich glaub', du weißt gar
Noch nicht, daß ich der Heil'ge Geist war!"

Das Girl 'ne dicke Lippe kriegt –
Ein Knabe in der Krippe liegt.

Das erste große Erschrecken des neugeborenen Jesusknaben in Salzburg

Stille Nacht, heilige Nacht,
Mama trägt Tennengauer Tracht,
Papa schaut wie Sepp Forcher aus,
Ich fürcht', ich bin im Festspielhaus!

Stille Nacht, heilige Nacht,
Ach, wär' ich bloß nicht aufgewacht;
Die Hirtenbub'm im Stall da plärr'n,
Wie wann's Hubert von Goisern wär'n.

Stille Nacht, heilige Nacht,
Wer hat sich den Scheiß ausgedacht?
Ich werb' doch nicht als Gottessohn
Für Habsburgs Trachtenkollektion!

Stille Nacht, heilige Nacht,
Der heil'ge Geist, der mich gemacht,
War Brauchtumsfuzzi, ohne Zweifel,
Und Hüttenwirt! Hol' ihn der Teufel!

Und es begab sich

Rund um das Thema „Herbergsuche“ wird in der Weihnachtszeit jede Menge Wind gemacht. Ich meine, dieses Problem wurde in den vergangenen zwei Jahrtausenden wirklich erschöpfend behandelt, wenn nicht sogar gelöst. Aber haben Sie schon einmal versucht, am Heiligen Abend irgendwo in der Stadt ein geöffnetes, öffentliches Klo zu finden?
Jeder kann in diese Situation kommen. Und dann ist ein Weihnachtswunder weiß Gott und Karl Heinrich Waggerl wirklich gefragt! Und also schrieb Karl Heinrich Waggerl die folgende Geschichte:

Und es begab sich, daß ein guter Mann und fester Christenmensch nach einem üppigen Weihnachtsmahle noch spät am Heiligen Abend sein Haus verließ, um zur Kirche zu gehen und daselbst der heiligen Christmette beizuwohnen. Als er so festen Schrittes durch die nächtlichen Gassen der Stadt schritt, und sein Kopf erfüllt war mit weihnachtlichen Gedanken, und sein Bauch erfüllt war mit weihnachtlichem Braten, weihnachtlichen Kuchen und Keksen, weihnachtlichen Bockbieren und wahrhaft himmlisch engelssüßen Likören, da überfiel ihn plötzlich und wie aus heiterem Himmel der unwiderstehliche Drang, sein Inneres zu offenbaren und alles Belastende und Unreine von sich zu geben, um derart durch und durch gereinigt und von allem Drückenden befreit, den heiligen Kirchenraum zu betreten.
Aber da war kein rechter Ort zu finden, an dem er seinem Bedürfnis nach innerer Reinigung nachkommen konnte in

der Art und Weise, wie sie einem anständigen Christenmenschen geziemt. Alle sonst so gastlichen Häuser waren an diesem Abend fest verschlossen, und auch die Türen der öffentlichen und der Bahnhofszufluchtstätten öffneten sich ihm nicht. In seiner wachsenden Not klopfte der bedrängte Mann an so manche private Eingangstür. Aber immer vernahm er nur abweisende Stimmen.

„Wer klopfet an?“
„Kann ich auf Ihr WC?“
„Scheiß' dich doch an!“
„Ich habe Diarrhöe“!
„Nein, o nein,
das kann nicht sein!
Du blödes Schwein,
mein Klo bleibt rein!“

Doch als die Zeit kam und die Bedrängnis am allergrößten wurde, suchte sich der Mann die dunkelste Stelle hinter den Hütten des Christkindlmarktes.
Und an diesem einsamen, abgeschiedenen Ort und umweht von den Winterstürmen, deren Eiseskälte sein Herz fast gefrieren ließ, wäre es nicht schon zuvor durch die Kälte der Mitmenschen beinahe erfroren, an diesem menschenleeren Ort also ließ er nun endlich alles Bedrückende hinter sich!
Und es war nur der liebe Gott, der ihm dabei von seinem himmlischen Lehnstuhle aus zusah und plötzlich Mitleid mit ihm empfand. Und außerdem dachte der liebe Gott, daß etwas nicht in Ordnung sein könne auf einer Welt, auf der ein guter Christenmensch am Geburtstag seines Sohnes, den er auf die Erde herabgesandt hatte, auf daß er diese Erde von aller Not und Pein befreie, keinen rechten

Ort finden konnte, um sich niederzulassen und sich von seiner Not und Pein zu befreien.
Also sandte der liebe Gott einen Engel herab mit dem Auftrage, das Ergebnis der jammervollen Reinigung des Christenmenschen aufzulesen und zu ihm in den Himmel zu bringen.
Als Gott das Häufchen dann in seinen Händen hielt, wurde er zornig und sprach:
„Ich erinnere mich: Dies ist der Stoff, aus dem ich einst den Menschen gemacht habe – warum behandelt ihn der Mensch jetzt mit Ekel und Abscheu? Ich werde die Menschen lehren, das zu lieben und zu verehren, woraus ich sie geschaffen habe! Und ich werde sie lehren, jene liebend zu verehren, die genau diesen Stoff immer und immer wieder vor ihren Augen und in aller Öffentlichkeit produzieren, auf daß ihm Gerechtigkeit widerfahre!"
Und Gott vermehrte das jämmerliche Häufchen und verteilte es über die ganze Welt.
Seither quillt es besonders in der Zeit vor dem Weihnachtsfeste aus allen Fernsehapparaten, trieft in großen Festspielhäusern über die Bühne, schwappt aus den Mündern von Vorstandsvorsitzenden, Fernsehmoderatoren und Politikern und vernebelt mit seinem Geruch die Gehirne der Menschen wie eine neue Religion.
Und dies alles geschieht nur deshalb, weil am Heiligen Abend gegen den Willen des Lieben Gottes alle öffentlichen Toiletten geschlossen sind!

Sterile Weihnachten!

Ich hoffe, Sie waren in diesem Jahr noch in keiner Weihnachtskrippe. Und wenn doch, dann sind Sie hinterher hoffentlich über den Seuchenteppich gegangen.
Bedenken Sie:

> Ochs und Esel an der Krippe –
> BSE die ganze Sippe!
> Und am Tor zum Himmelsreiche
> Auch noch Maul- und Klauenseuche!

Ich meine – gut, man hat ja in letzter Zeit nichts mehr davon gehört. Und es muß ja nicht sein. Aber es wäre immerhin möglich. Aus diesem Weihnachtsstall ist ja schon einmal etwas gekommen, das sich dann über fast die ganze Welt ausgebreitet hat. Hat übrigens im Laufe der letzten zweitausend Jahre ein paar zigtausend Menschen das Leben gekostet. Aber das nur nebenbei. Zurück zu den fast schon in Vergessenheit geratenen, aber immer noch aktuellen Viren.
Wie gesagt: Höchste Vorsicht beim Kontakt mit Weihnachtskrippen! Vor allem dann, wenn die Weihnachtskrippen nicht geimpft sind! Oder zumindest die Unbedenklichkeitserklärung einer staatlichen virologischen Untersuchungsanstalt vorweisen können.
Denken sie immer daran: Ihre Weihnachtskrippe unterm Christbaum könnte ein Seuchenherd sein. Da können Sie dann singen:

Leise rieselt der Schnee,
Weihnachten gibt's BSE –
Aus dem Schnee wird bald Firn,
Und butterweich unser Hirn.

Es ist zum Verrücktwerden. Ich sage Ihnen, da hilft nur noch eines: Erklären Sie Ihr Weihnachtszimmer zum Katastrophengebiet! Raus mit dem falschen Perserteppich – rein mit dem echten Seuchenteppich!
Ich verspreche Ihnen, das wird heuer ein völlig neues Weihnachtsgefühl! Am heiligen Abend steht die ganze Familie in Gummistiefeln unterm Christbaum. Auf dem Christbaum brennen statt den sonst üblichen Kerzen kleine Wachsfiguren von Ochsen, Kühen und anderen Viechern. Die Hirtenknaben dürfen nicht in den Stall hinein, sondern müssen draußen vor der amtlichen Absperrung stehen bleiben. Und die Heilige Familie kommt so lange in Quarantäne, bis sie vom EU-Kommissär für Seuchenwirtschaft aufgehoben wird.
Generell gilt der Satz: Zu Weihnachten herrscht erhöhte Infektionsgefahr! Fragen Sie deshalb vor dem Essen Ihren Festtagsbraten, in welchem Stall er aufgewachsen ist. Fordern Sie Ihre Weihnachtspastete auf, ihren BSE-Paß vorzuweisen. Fragen Sie Ihre Oma, ob sie die Weihnachtskekse heuer nicht etwa mit dem Tiermehl aus dem Raiffeisen-Billig-Sonderangebot gebacken hat. Essen Sie keine Wurst, die Sie nicht persönlich gekannt haben, als sie noch am Leben war.
Und vor allem: Küssen Sie weder Ihre Kinder, noch Ihre Ehefrauen oder Ehemänner – wer weiß, durch wieviele Hände die schon gegangen sind! Umarmen Sie Ihre Ver-

wandten nur, nachdem Sie sie vorher stundenlang gewaschen und gründlich desinfiziert haben. Aber dann dürfen Sie sie auch essen, wenn Sie wollen.
Denn, wie gesagt, durch die Bewohner der Weihnachtskrippe werden BSE und Maul- und Klauenseuche in jedes Haus, in jede Wohnung geschleppt.
Denken Sie daran, wenn Sie eine Schweinsledertasche geschenkt bekommen. Oder Hauspatschen aus Rindsleder. Hände weg! Füße weg! Alles weg! Wer weiß, welche noch völlig unbekannten Virenstämme da schon auf uns lauern, um uns bei nächster Gelegenheit aus dem Hinterhalt zu überfallen.
Vor der Gefahr, die von der internationalen Viren-Vereinigung ausgeht, hat ja schon der Papst in seiner Enzyklika „Viribus unitis" gewarnt. Deshalb hört endlich auf ihn und sterilisiert Eure Weihnachtskrippen samt der Heiligen Familie. Sterilisiert überhaupt alles. „Sterilität statt Virilität" – unter diesem Motto sagen wir dem Bösen, das in Zeiten wie diesen überall auf uns lauert, um uns ins Verderben zu führen, den Kampf an!
In diesem Sinne: Sterile Weihnachten!

Weihnachtslegende

Ein Ochs und Esel an der Krippe
Sah'n anders aus als ihre Sippe:
Sie waren sehr viel kleiner und,
Man könnte sagen, kugelrund,
Ihr Leib zu fett, zu kurz die Beine,
Mit einem Wort: zwei Weihnachtsschweine.

Jedoch im Evangelium
War'n sie nicht vorgeseh'n, darum
Sprach sanft ein Schwein zum Jesusknaben:
„Sei uns nicht bös', wir beide haben
Im Datum uns geirrt, mein Bester –
Wir warten hier bloß auf Silvester.“

Und dieses war auch schon das Ende
Der schönen Weihnachtssaulegende.

Die Legende vom Weihnachtskarpfen

Ein Weihnachtskarpfen dachte sich:
„Zu Weihnachten verspeist man mich,
Drum geh' ich jetzt zum Michl
Auf sein Gut Aiderbichl!"

Gesagt, getan: Mit frohem Mut
Zog er zum Aiderbichlgut,
Per Bus, per Bahn, per Autostopp
Und jedenfalls im Schweinsgalopp.

Doch Weihnachten war längst vorbei,
Als er dort ankam auf Gut Ai-
derbichl. Nichts war mehr verschneit,
Nein, Sommer war und Festspielzeit!

Es wimmelte von Prominenz.
Der Karpf zog schnell die Konsequenz
Und tat halt so, als ob auch er
Ein adeliger Karpfen wär'.

Er küßte Fürstinnen, Barone,
Er trank Prosecco mit Lemone,
Und alle schauten voller Neid
Auf sein Haute-Couture-Schuppenkleid.

Die Damen waren sehr verdrossen
Ob seiner schlanken Silberflossen,
Und Fürstin von Sayn-Wittgenstein
Lud ihn zum Foto-Shooting ein.

Er galt bei Aiderbichl-Festen
Als schönster Mann unter den Gästen,
Und Hera Lind sagte sogleich,
Er wär' der Hecht im Karpfenteich.

Da dachte sich der Karpf: „Nicht schlecht!
Ab heute lebe ich als Hecht,
Denn Hechte werden ja zumeist
Zu Weihnachten nicht gern verspeist!"

So wurde unser Karpf sogar
Als Hecht ein Seitenblicke-Star,
Und weil er stumm war wie ein Aal,
War auch sein Small-Talk genial!

Und die Moral von der Geschicht':
So mancher tolle Hecht ist nicht
Viel mehr als nur ein Karpfen, der
Nicht gern ein Weihnachtskarpfen wär'!

Das Märchen von den drei heiligen Königen

Es waren einmal drei heilige drei Könige, die von ihrer Mutter losgeschickt wurden, um dem Jesuskind einen Korb mit Kuchen und Wein als Geschenk zu bringen.
Als die drei heiligen drei Könige nach einer langen Wanderung durch den finsteren Wald an der Krippe standen, wunderten sie sich zuerst über die sieben Hirten, die um die Krippe herumstanden. Aber besonders wunderten sie sich darüber, wie das Jesuskind aussah.
Der erste heilige drei König fragte: „Jesus! Kind! Warum hast du so große Augen?“
Da antwortete das Jesuskind: „Damit ich besser zu dir sagen kann: Ich schau´dir in die Augen, Kleiner!“
Der zweite heilige drei König fragte: „Jesus, warum hast du so große Ohren?“
Das Kind antwortete: „Damit ich zu Ostern besser als Osterhase gehen kann!“
Der dritte heilige drei König fragte: „Herrgott, warum hast du einen so großen Mund?“
Darauf Jesus: „Damit ich besser sagen kann: Ach wie gut, daß niemand weiß, daß ich Rumpelstilzchen heiß´!“
Da verbeugten sich die drei heiligen drei Könige artig und gingen wieder hinaus.
Draußen stand die böse Königin, die dem Jesuskind einen vergifteten Apfel bringen wollte. Da hob der erste heilige drei König seine Armbrust, schoß der Königin den Apfel vom Kopf und gründete die Schweiz.
Da waren’s nur noch zwei heilige drei Könige.

Traurig setzten die zwei heiligen drei Könige ihren Weg fort. Um sich nicht zu verirren, legten sie sich gegenseitig Steine in den Weg. Nach einiger Zeit wurden sie durstig und hungrig und ließen sich zu einem Picknick nieder. Während der zweite heilige drei König zum Pinkeln hinter einen brennenden Dornbusch ging, aß und trank ihm der dritte heilige drei König alles weg. Als der zweite zurückkam, fragte er: „Wer hat von meinen Tellerchen gegessen? Und wer hat aus meinen Becherchen getrunken?“
Da antwortete der verfressene heilige drei König:
„Keiner!“
Doch weil kein anderer da war, verwandelte ihn der hungrige heilige drei König in eine Salzsäule –
da war es nur noch einer.
Ein heiliger drei König,
der spielte sehr gern Golf –
da kam der böse Wolf.
Der Wolf fraß ihn mit Haut und Haar
und danach wurd’ ihm übel –
weil dies’ nicht vorgesehen war,
drum steht’s nicht in der Bibel.

Das kommt uns jetzt alles zusammen irgendwie von irgendwoher bekannt vor, aber es ist doch trotzdem eine richtig schöne Weihnachtsgeschichte.

Oder?

Na gut, dann eben nicht!

WEIHNACHTSPOESIEKLASSIKER

Warum es auch nichts genützt hat,
daß fünf berühmte Dichter dem Autor dieses Buches
Gedichte zum Thema
„Weihnachtliches Tannengrün“
geschenkt haben.

Johann Wolfgang von Goethe

Der Oberförster

Wer schleichet so spät am Waldessaum?
Es ist der Vater mit seinem Baum;
Er hat die Tanne wohl in dem Arm,
Die Tanne aber, die rufet „Alarm!“

„Mein Baum, was brüllst du mir so ins Gesicht?“
„Siehst, Vater, du den Förster nicht?
Den Oberförster mit grimmigem Blick?“
„Mein Baum, das ist wohl der älteste Trick!“

„Du lieber Baum, komm, bleibe hier!
Und laß dich nicht stehlen aus meinem Revier;
Deine Brüder und Schwestern, sie haben dich lieb;
Bleib’ hier! Geh’ nicht mit mit dem Christbaumdieb!“

„Mein Vater, mein Vater, ja hörest du nicht,
Was der Oberförster von Amts wegen spricht?“
„Sei ruhig, bleib ruhig, mein Baum!
Das war mein Handy, das spricht oft im Traum.“

„Willst, feine Tanne, du mit ihm gehn
Und später als Christbaum dann bei ihm stehn?
In all deiner Pracht, die so herrlich grün grünt,
Bei diesem Scheiß-Dieb, der dich gar nicht verdient?“

„Mein Vater, mein Vater, das ist jetzt kein Spaß,
Ich werd' an den Nadeln vor Angst schon ganz blaß!"
„Mein Baum, mein Baum, es tut mir ja leid,
Doch für Farbdiskussionen ist jetzt keine Zeit."

„Ich liebe dich! Er geizt nur mit seinem Gehalt!
Drum holt er dich billig heraus aus dem Wald!"
„Mein Vater, mein Vater, jetzt sprüht er mich an!
Der Förster hat mir ein Leids getan!"

Dem Vater grauset's, schnell packt er den Baum
Ins wartende Auto in den Kofferraum,
Erreicht sein Haus mit Angst und Grau'n;
In seinem Auto der Baum war braun.

Joachim Ringelnatz

Der Silbertann

War einmal ein Tann, ein kühner,
Der war silber und kein Grüner.
Silbertann stand still im Wald,
Wurde tausend Jahre alt.
Publikum, auf grün getrimmt,
War darüber sehr verstimmt.

H.C.Artmann

o tanenbam

de bladln fon an tanenbam,
de san sowas fon fad,
rein farbenmesig öd und lahm,
echt gschissn, tuat ma lad

nua grün. na bidde a scho was,
ned rod, net wiolet,
ned göb, ned rosa so zan spaß,
nua grün, es is a gfret.

a tanenbam, der hot ka spua
fon ana fantasi.
a andre foab loßt ea nie zua,
des is a oaschpati.

blau war a schau, schwoazz-weiss kariert,
ja, oda lila streifm!
doch grün is olles, wos passiert,
i wer des nie begreifm.

o tanenbam, du grünes gstö,
i scheiss auf deine bladln,
moch um dei grün do ka bahö –
und aussadem sans nadln!

Bert Brecht

Der Dreitannennadeln-Song

Und die Tanne, die hat Nadeln,
Und die trägt sie im Gesicht.
Dafür kann man sie nicht tadeln,
Nein, das kann man wirklich nicht!

Mit dem Grün der spitzen Nadeln
Zieht die Tanne Menschen an,
Dann zersticht sie ihre Wadeln,
Denn sie wehrt sich, wie sie kann!

Tanne, es ist dein Verderben,
Bist du grün und mittelgroß:
Ja, als Christbaum wirst du sterben –
Tanne, dieses ist dein Los!

Friedrich von Schiller

Die Grünschaft

Zum Weihnachtsbaum, dem Grüntannen, schlich
Der saure Regen in Kannen,
Zu tilgen das Grün an den Tannen.
„Was wolltest du, saurer Regen, sprich!“
Entgegnet ihm finster der Tannerich.
„Das Land von den Grünen befreien!“
„Das wirst du durch Greenpeace bereuen.

Ich bin“, sprach die Tanne, „stets grün allezeit,
Und werde, du wirst es nicht fassen,
Trotz dir nie und nimmer erblassen.
Zu sterben, das bin ich noch lang nicht bereit,
Grün bleiben die Nadeln an mir, meinem Kleid!“
Die Nadeln, die hörten's mit Bangen
Und haben zu fall'n angefangen.

Und es spülte der Regen die Nadeln hinweg,
Doch zwei sind der Tanne geblieben,
Zwei Nadeln, die treulich sich lieben!
Und da kam noch eine, die rief: „'s hat kan Zweck!
Weil die Treue, die ist doch kein Fliegendreck!
Jetzt zag'n ma's dem Regen, dem sauern,
Die Tanne bleibt grün, wir bedauern!
Ich sei, gewährt mir die Bitte,
In eurem Bunde die dritte!“

Tristan Tzara

Das Gedicht eines Hundes

O Grün!
Wie wird's mir dir vor meinem Auge,
Wenn ich mich an der Tanne in dich sauge!

O Grün!
Du immergrünes grünes Grünes!
O du mein Grün! Laß nie verblüh'n es!

O Grün!
Du grünst noch in den grünsten Winkeln!
In dir, o Grün, möcht ich versinkeln –
Laß mich an deinen Baumstamm pinkeln!

GESCHENKESCHENKEN

Warum es Geschenke gibt,
die man nicht einmal geschenkt haben möchte.

Schenkt Müll!

Auch wenn das Wirtschaftswachstum stagniert, etwas wächst beständig weiter: die Müllberge! Langsam zwar, aber beharrlich. Das gebirgsbildende Müll-Erdzeitalter scheint noch nicht abgeschlossen zu sein.
Es macht den Menschen offenbar noch immer den größten Spaß, dauernd irgend etwas wegzuwerfen. Das Wegwerfen gehört zu den größten Leidenschaften. Wegwerfen kommt gleich nach Auto und Fußball. Und lange vor dem Sex. Zumindest, was die Häufigkeit betrifft.
Egal was, Hauptsache, es wird weggeworfen. Das Wegwerfen scheint eine Art höhere Konsumbefriedigung zu sein. Ein unbewußter Reflex, mit dem man zeigt, daß man es sich leisten kann. Etwas aufheben, das tun nur die Armen. Die Wegwerfbewegung ist die erfolgreichste Bewegung der Wohlstandsgesellschaft. Zeige mir, was du wegwirfst, und ich sage dir, was du bist!
Diesen Wegwerfluxus lassen wir uns eine Menge kosten. Denn für jede Verpackung zahlen wir. Das Geld möchte ich haben, das Herr und Frau Österreicher bloß für die Verpackungen ausgeben, die sie wegwerfen.
Aber die Industrie – gutherzig, großzügig und menschenfreundlich, wie sie nun einmal ist – will den Konsumenten natürlich ihr Wegwerfvergnügen nicht wegnehmen. Da wäre sie ja schön blöd, wenn sie nicht auf die Bedürfnisse der Verbraucher reagieren würde. Und Wegwerfen gehört nun einmal zu den Urbedürfnissen. Wer nichts wegzuwerfen hat, bekommt früher oder später die Krise. Nämlich die Wegwerfexistenzkrise. Das Nichts-wegzuwerfen-besitzen-Syndrom gehört zu den schlimmsten

Psychosen, unter denen der Wegwerfmensch leiden kann.
Nachdem Sie diese lange Einleitung gelesen haben, können Sie sie getrost wegwerfen, denn nun komme ich endlich zu dem, wofür diese Wegwerfeinleitungssätze gut waren: zur logischen Schlußfolgerung:
Wenn es zu den größten Freuden der Menschen gehört, ständig irgendwelchen Müll zu produzieren, zu kaufen, zu besitzen und schnell wieder wegzuwerfen – warum zum Teufel verwandeln wir dann diese Freude nicht in eine Weihnachtsfreude?
Also: Schenkt Müll! Wer Müll schenkt, erfüllt die geheimsten Wünsche: Endlich nach den Weihnachtsfeiertagen einen viel, viel größeren Müllberg vor den Müllcontainern verursachen zu können als die Nachbarn! Der gigantischere Verpackungsweihnachtsmüllhaufen als weithin sichtbares Zeichen, daß Müllers weihnachtspackerlgesegnetere Weihnachten hatten als Maiers!
Schenken Sie Verpackungsmüll! Aber gehen Sie auch dabei nicht gedankenlos vor. Nicht irgendwelche Papp- und Plastikschachteln, sondern Verpackungen mit ehedem teurem und am Aufdruck erkennbar imageträchtigem Inhalt sind gefragt. Das Weggeworfene soll schließlich Neid wecken.
Also bitte keine Ikea-Kartons, MacDonald's-Packungen, Himbeersirupkanister oder Dosenbierträger. Auch Hering-in-Tomatensoße-Überkartons sind keine echten Weihnachtsgeschenke. Mit Schachteln, auf denen „Tiffany's“ oder „Rolex“ steht, kommen wir der Sache schon näher. Und die wahre Wegwerfverpackungsweihnachtsfreude erreichen Sie mit Großverpackungen samt Styroporhalterungen für beispielsweise HiFi-Designer-

Anlagen um mindestens zehntausend Euro. Oder mit dem Transportplastiküberzug einer Wiener-Werkstätte-Ledergarnitur. Aber da sollten Sie dann auch das Preisschildchen zum Wegwerfen mitschenken. Gutbürgerliche Mittelklassegeschenke sind Altverpackungen von Toastern, Handmixern, Hometrainern, Laptops und Chromagan-Besteckkassetten.
Sie sehen, ein bißchen im Kellerabteil kramen oder bei Bekannten um alte Verpackungen fragen, das lohnt sich. Da kommen jede Menge Weihnachtsgeschenke zusammen. Und vielleicht kriegen Sie nächstes Jahr sogar das eine oder andere Wegwerfmüllgeschenk wieder zurückgeschenkt. Von jemandem, der es sich vorsorglich vom Nachweihnachtsmüll geholt hat. Das nennt man dann ewiges Weihnachtsmüllrecycling.
Übrigens, wie Sie diese Wegwerfverpackungen als Geschenk verpacken, ist Ihre Sache. Ich fürchte nur, wenn sich diese Idee durchsetzt, wird die Verpackungsindustrie demnächst Luxus-Altverpackungs-Weihnachtssets in originellen Sammelpackungen auf den Markt werfen.
War wohl doch keine so gute Idee, das mit dem Müll als Weihnachtsgeschenk.
Also gut: Dann werfen Sie diese Idee halt einfach weg!

Geschenktipp

Schenken Sie Hühner
Statt Berhardüner!
Sie sind ein Segen,
Denn Hühner legen
Zur Weihnachtsfeier
Drei bis vier Eier!

Schenken Sie Schnecken,
Denn Schnecken schmecken!
Als Delikatessen
Kann man sie essen
Und brauchen kein Futter
In Knoblauchbutter!

Beim Schildkröten-Schenken
Gilt es zu bedenken:
Als Suppeneinlage
Stell'n sie uns die Frage:
Wie soll man sie knacken?
Dosenöffner beipacken!!!

Wissen Sie, warum Weihnachten in Bethlehem erfunden worden ist und nicht in Schweden? Weil sonst das Weihnachtsevangelium vermutlich so lauten würde:

Lesung aus dem Evangelium des Apostels IKEA, Vers 24 bis 38

Du mußt wissen, es geschah in jenen Tagen, daß eine Verordnung von König INGVAR ausging, den ganzen Erdkreis einzuschreiben. Und alle gingen hin, um sich einschreiben zu lassen, ein jeder in seine Stadt.
Es ging aber auch SVENARNE von SÖDERHAM aus der Stadt ÖSTERSUND hinunter nach SÖDERMANLAND in die Stadt SKÖTEBORGS, die BETHLEHOLM heißt, um sich einschreiben zu lassen mit INNEGRIT, seiner Verlobten, die schwanger war.
Und es geschah, als sie dort waren, daß sie gebären sollte. Und sie gebar ihren erstgeborenen Sohn, wickelte ihn in MÖLNY-Schwedenwindeln und legte ihn in eine BJÖRGHOLMEN Kinderkrippe aus unbehandeltem Buchenholz aus der praktischen Kinderkrippenserie KNÖRREMÖD.
Den neugeborenen Knaben aber nannten sie SNÖRREBJÖRN, was soviel heißt wie „Der Selbstgemachte", weil seine Mutter INNEGRIT noch unberührt war.
Und es waren Hirten in der Gegend, die kamen, um SNÖRREBJÖRN und die Heilige IKEA-Familie zu sehen. Und mit ihnen kamen Elche und frische Lachse und knieten nieder auf dem Laminatboden FARSUND in Ahornreproduktion.

Und von fernen Fjorden kamen drei Könige – OLAF, INGEMAR und KNUT – und brachten für SNÖRRE-BJÖRN Geschenke: ein IVAR-Aufbauregal, eine SUNDSVIK Mischbatterie mit Spülbrause und einen SÖNDERBÖRG Wickeltisch.

Und das alles findest Du in unserem IKEA-Weihnachtskatalog auf den Seiten 87 bis 103.

Das waren die Worte der Lesung.

Die traurige Geschichte der katholischen Palmers-Gutscheinmünze

Es war einmal eine erzkatholische Palmers-Gutscheinmünze. Der stiegen immer die moralischen Grausbirnen auf, wenn sie daran dachte, was sie einmal werden sollte. Ein Spitzenunterhöschen, ein Seidenbüstenhalter, ein Negligé oder gar etwas noch viel Unanständigeres? Und das unterm Christbaum?

Mit wachsendem Entsetzen dachte sie an das begehrliche Funkeln in den Augen der Beschenkten, die sich bei ihrem Anblick bereits verführerische Nächte vorstellen würde. Diese Vorstellung war mit dem katholischen Selbstverständnis unserer Gutscheinmünze absolut unvereinbar.

Sie träumte davon, gegen kratzige Barchentunterwäsche eingetauscht zu werden oder, was noch viel besser wäre, gegen zwei Paar dicke Wollsocken für die Füße eines Bischofs. Ja, eingedenk des Wortes „Im Schweiße eures Angesichtes sollt ihr euer Brot verdienen“ würde sie an den Füßen eines Bischofs ein wahrhaft gottgefälliges Leben führen.

Die Palmers-Gutscheinmünze konnte ihr Glück kaum fassen, als sie eines Tages tatsächlich als Weihnachtsgeschenk in den Händen eines Bischofs landete.Doch der tauschte sie gegen einen roten Stringtanga für seine Haushälterin ein.

Seither muß unsere Palmers-Gutscheinmünze zweimal in der Woche zum Psychotherapeuten, um ihre Identitätsprobleme aufzuarbeiten.

Gebrauchsanleitung für einen Christbaumständer Made in Taiwan:

Stehfuß für Christenbaum

Das Stehfuß macht Christenbaum gut steh mit sicher Halten.
Kippen um nicht gewährleistet mit Garantien. Stehfuß immer Funktion, wenn halten genau an Leitung folgend:

1. Christenbaum machen spitz unten für dauerhaften Steh.
2. Christenbaum unten spitz führen ein in Öffnung von Stehfuß.
3. Wenn Christenbaum unten spitz zu dick, schneiden ab bis passen.
4. Wenn Christenbaum unten spitz zu dünn, Zwangsschraube mit Klemme dreh bis klemmen.
5. Zwangsschraube nach Stunden drei circa Nachschrauben.
6. Christenbaum unten spitz in Stehfuß verklemmt fest stehen in Zimmer. So nichts passieren mit Sicherheiten.

Fabrik von Stehfuß für Christenbaum wünschen froh geweihte Nacht!

Der folgende Text entstand mit freundlicher Unterstützung von Baumax:

Selfman und der Weihnachtsbaum

In Zeiten wie diesen ist Sparen angesagt. Also begann ich rechtzeitig vor dem Heiligen Abend damit, einen Christbaum zu basteln.
Vorausblickend, wie ich nun einmal bin, hatte ich den entnadelten Christbaum vom vergangenen Jahr in der Tiefkühltruhe aufgehoben. Auch sämtliche Tannennadeln hatte ich sorgsam in zwei Plastiktüten gesammelt und ins Tiefkühlfach gelegt.
Nachdem ich Baum und Tannennadeln unter der Dusche bei exakt dreiundvierzigeinhalb Grad Celsius aufgetaut hatte, begann der schwierige Teil meiner Arbeit: Ich mußte siebzehntausendzweihundertachtunddreißig Nadeln so in die Zweige einsetzen, daß sie in einem Winkel von genau siebenunddreißig Grad von den Zweigen abstanden. Dazu verwendete ich einen Winkelbolzlochschneider mit integrierter Thermoklebeautomatik, der mir die Arbeit leicht machte. Ich begann logischerweise am Stammansatz unten und arbeitete mich zügig nach außen und oben vor, wobei ich mit einer Fadenwinkelkonsole und einem praktischen vollelektronischen Tannennadelsextanten regelmäßig die Ausrichtung der Nadeln überprüfte. Schon nach nur dreieinhalb Monaten hatte ich alle Tannennadeln in den Baum eingesetzt und konnte nun beginnen, den Nadeln wieder ihr natürliches Grün zu geben.
Zu diesem Zweck ging ich mit einigen Dosen grüner Dispersionsfarbe in den Wald, um mir dort anhand fri-

scher Tannennadeln die zwei richtigen Grüntöne zusammenzumischen: Ein dunkles original Tannengrün für die Tannennadel-Oberseite und ein etwas helleres Tannengrün für die Unterseite der Tannennadeln, denn schließlich sollte mein Tannenbaum ja so natürlich und echt wie frisch geschlagen aussehen.
Weil es in der Zwischenzeit schon September geworden war, und außerdem meine Schwiegermutter für Ende November ihren Besuch angekündigt hatte, verzichtete ich auf die klassische Methode, jede Nadel mit einem Marderhaarpinsel Größe Zwei einzeln anzustreichen, sondern griff nach einem Trick: Ich schnitt eine Rolle Kreppklebeband auf der Wurstmaschine in dünne Scheiben und klebte dann jede Tannennadel zunächst auf der Oberseite sorgfältig ab.
Dann sprühte ich das helle Grün auf die Nadelunterseiten. Nach einer Trocknungszeit von drei Stunden löste ich die Kreppstreifen ab, klebte neue auf die Nadelunterseiten und besprühte nun die Oberseiten mit dem dunklen Tannengrün.
Die restliche Farbe hob ich für den Adventkranz auf.
Nachdem meine Schwiegermutter wieder abgereist war, überprüfte ich die Christbaumkerzen und stellte mit Freude fest, daß sie noch lang genug waren, um auch ein drittes Mal angezündet zu werden. Also brauchte ich nur mehr die Schokoladeostereier, die ich vor vier Jahren in unserer Garage versteckt hatte, in Weihnachtsfolie zu wickeln und auf den Christbaum zu hängen.
Meine Frau liebt Schokolade. Aber das ist eine ganz andere Geschichte.

Das Fest der schnellen Liebe
oder: Single-X-Mas

Da sitzt man am Heiligen Abend einsam und verlassen unter seinem Christbaum, hört stundenlang „Licht ins Dunkel“ und „Stille Nacht“ und wartet aufs Christkind. Und dann – lingelingeling – ist es endlich da. Legt ein paar Päckchen unter den Christbaum, zündet die Kerzen an, drückt dir einen spitzen Kuß auf die Stirn, flötet leise „Fröhliche Weihnachten!“ und will auch schon wieder verschwinden.

Na, also bitte!!! Also wirklich!!!

Soll das heißen, daß du schon wieder gehen willst?

Ist das dein Ernst?

Du bist noch keine fünf Minuten bei mir und willst schon wieder abhauen?

Ja? Und das am Heiligen Abend?

Zuerst läßt du mich stundenlang warten und dann hast du nicht einmal richtig Zeit für mich?

Du – ich hab' mich gefreut auf dich! Richtig gefreut!!

Ich habe mir gedacht, das wird ein gemeinsamer Abend.

Rotwein, kalte Platte, Musik und so.

Ich hab mir vorgestellt, daß wir wenigstens deinen Geburtstag gemütlich miteinander feiern können.

Ich hab mir solche Mühe gegeben mit den Vorbereitungen! Den ganzen Tag bin ich in der Küche gestanden!

Aber gut, gut ... ich versteh' schon!

Du hast keine Zeit.

Du wirst auch noch von anderen erwartet.

Wie du meinst. Es ist doch jedesmal das Gleiche:

Du fliegst von einem zum anderen – und ich kann sehen, wo ich bleibe!
Was heißt hier „Eifersucht?“
Ich möchte bloß einmal erleben, daß du nicht gleich sofort abhaust, nachdem du gekommen bist.
Nur ein einziges Mal miteinander frühstücken, ist das vielleicht zuviel verlangt?
Aber wahrscheinlich ist es bei den anderen ja soviel schöner als bei mir!
Ich möchte wirklich bloß wissen, was die haben, was ich nicht hab'!
Ja, ja, ich weiß schon. Das sagst du immer:
Daß das nichts mit mir zu tun hat. Daß von Anfang an klar war, daß du nicht mein Eigentum bist. Daß du einfach alle Menschen liebst, die guten Willens sind et cetera, blabla.
Seit zweitausend Jahren die gleiche Leier. Kannst du dir wirklich sparen.
Wirklich.
Wer ist denn der Typ überhaupt, zu dem du's jetzt gar so eilig hast?
Ach was, ich will's gar nicht wissen.
Hau doch ab!
Wirklich – hau doch ab!!
Aber eins sag' ich dir:
Ich hab geglaubt an dich! Ehrlich! Ich hab wirklich geglaubt an dich!
Also – ich muß ja wohl völlig meschugge sein.
Ich hab wirklich geglaubt, das mit uns zwei ist was Besonderes. Was Einmaliges.
Ich hab geglaubt, daß dir etwas liegt an mir. Dabei bin ich bloß einer von vielen.

Weißt du, was du in meinen Augen bist?
Weißt du ...
Ach was. Komm, sag' nichts.
Da, nimm deinen Heiligenschein und deine Flügel und dann:
Flieg ab, bitteschön.
Aber dalli!
Tschüss, ciao, fröhliche Weihnachten!
Aber eins sag ich dir:
Wenn du zu Ostern wieder reumütig bei mir zu Kreuze kriechen willst, dann werd' ich schon längst mit einem anderen Haserl im Nest sein.
Und jetzt: Abflug!!!

Das Familienfest

Wenn Kinder Opa ganz im Stillen
Mit Weinbrandpralinès abfüllen,
Damit er danach höchst beseelt
Von Weihnachten im Krieg erzählt
Und dabei Oma, was sie haßt,
Andauernd an den Hintern faßt,
Weshalb ihm Oma eine scheuert
Und wütend Keks durchs Zimmer feuert,
Worauf Mama, rot im Gesicht,
Von Scheidung und von Selbstmord spricht,
Weshalb Papa, vom Wein beflügelt,
Die Kinder mit Genuß verprügelt,
Die ihrerseits den Dackel treten,
Dann ist es klar: Von allen Feten
Muß das die Weihnachtsfete sein,
Denn nur beim Weihnachtsfest allein
Sind heut' (das muß man doch betonen)
Vereint die Generationen!

ALPENLÄNDISCHES WEIHNACHTSLEXIKON

Warum zu Weihnachten nichts so ist, wie man glaubt.

Adventkerze (odventkeazn). Speziell für alpine Regionen entwickelte Zündkerze, die auch bei winterlichen Temperaturen ein klagloses Funktionieren von Automobilmotoren gewährleistet. Siehe auch → „Zündung" und → „Die Kerzen anzünden".

Blasengel (blosengel). Kühlendes Gel, das sich der Weihnachtsmann auf die Blasen seiner Füße in den ausgelatschten Stiefeln streicht.

Caspar (kospa). Einer der Heiligen Drei Könige; hauptsächlich damit beschäftigt, im Kasperltheater Krokodile mit einem Stöckchen totzuschlagen.

Deo (deijo). Letztes Wort des Slogans auf dem Transparent, mit dem eine bekannte Kosmetikfirma in jeder Krippe wirbt: „Gloria in excelsis Deo!" Auf deutsch: „Gloria – ein exzellentes Deodorant!" (Möglicherweise ein dezenter Hinweis auf die Ausdünstungen der eher schlecht gewaschenen Hirten.)

Empfängnis (eimpfeingnis). Um den 10. April vollzogener biologischer Vorgang, durch den Maria hoffte, ein Silvesterbaby auf die Welt zu bringen. Wurde leider eine Frühgeburt. Siehe auch →",,unbefleckte Empfängnis" als Synonym für „Tadellose Befruchtung".

Friede (a ruah) den Menschen auf Erden. Titel des kürzesten Weihnachtsmärchens. Leider.

Geschenke (geischeinke). a) Auslöser von Familientragödien unterm Weihnachtsbaum. b) Neurotische gegenseitige Zwangsbeglückung. c) Marketingstrategie der Elektronik-, Sportartikel-, Mode- und Schmuckbranche. d) Was man sich eigentlich schenken könnte.

Hirtenspieler (hiatnschpüla). Landläufige Bezeichnung für Spitzenpolitiker. Siehe auch → „Ochs und Esel an der Futterkrippe".

I (iii). Dritter Buchstabe im Wort „still" dreimal wiederholt im Satz „Still, still, still – weil's Kindlein schlafen will" – eine Aufforderung an Maria, ihr Kind endlich zu stillen, damit es danach schlafen kann.

Jessas (jeissas). Schreckensruf von Konsumenten, die in letzter Minute in die Geschäfte stürmen, um Weihnachtsgeschenke zu kaufen: „Jessas, hamma scho wieda Weihnachten?"

Krippenspiel (kreiplschpü). Volkstümliche Bezeichnung einer ausgemergelten, schwächlichen Person. Siehe auch → „nachweihnachtliche Abspeckkur".

Lamm (laum). Jungtier, das die Hirten ins Tal brachten, um es dem Neugeborenen zu schenken. Ursprung des Sprichwortes „Die Erde ist ein Lammertal."

Mohr (moa). Der dritte der Heiligen Drei Könige. Schrieb später das berühmte Weihnachtslied „Stille Nacht, heilige Nacht". Daher auch der Ausdruck „schwarz wie die Nacht".

Nährvater (neavouta). a) Beruf des Hl. Josef b) Familienoberhaupt (männlich), das übermäßige Mengen von Weihnachtsfestessen zu sich nimmt.

O-Tannenbaum (ou dannenbam). Spezielle Tannenzüchtung; im Unterschied zu den ganzjährigen Blau-, Silber- und Zwergtannen gibt es die O-Tannen nur zur Weihnachtszeit, wenn es schneit.

Pfamilie (pfameiliä). Das, wozu alle Menschen in den Weihnachtsansprachen von Firmenchefs, Politikern und Bischöfen werden: „Aine ainzege große Pfamilie!"

Quengeln (raunzn). Zusammengesetztes Wort aus "Quälen!" und „Engeln". Lieblingsspiel von Kindern vor der eigentlichen Bescherung.

Rumpeln (raumpln). Geräusch, mit dem in angelsächsischen Ländern der Santa Claus durch den Kamin kommt. Macht sich heute in Zentralheizungsrohren eher durch Klopf- und Pfeifgeräusche bemerkbar. Siehe S.8!

Segen (seign) oder Weihnachtssegen. Mittels Hand- oder Motorsegen (neue Rechtschreibung) ausgeführte vorweihnachtliche Tätigkeit zwecks Weihnachtsbaumgewinnung in den Wäldern. Vgl. Sprichwort → „Regen bringt Segen".

Tann (taun). Von Feministinnen unterdrückter und deshalb unbekannter Bruder der Tanne. Hat gemeinsam mit dem Ficht, dem Birk, dem Buch und dem Latsch am 24.12.1902 die erfolglos gebliebene „Enttannzipationspartei" gegründet.

Ur-Christen (uakreistn). Kurz nach Chr. Geb. ins Leben gerufene Ur-Gewerkschaft, die in einer Ur-Abstimmung den Weihnachts-Ur-Laub forderte.

Vanillekipferl (wanülekeipferl). Zentraler Inhalt des Weihnachtsgeschehens. Vgl. Matthäus 1, Vers 4: „Und es begaben sich alle Vanillekipferl in die Keksdose, um sich zählen zu lassen. Und der Engel sprach: Des Kipferls Vanille ist sein Vanillereich!"

Wunschzettel (waunschzedl). Krasses Gegenteil des Kontoauszuges.

X-Mas (icksmes). Amerikanischer Familienname der hl. Maria: Mary X-Mas!

Ybelkeit (zan schpeim). Prämittelhochdeutsche Schreibweise des yblichen Zustandes am ersten Weihnachtsmorgen.

Zimtstern (zeimtstean). Stern von Bethlehem, besonders langsamer Komet, auch bekannt als Zimtschnecke.

SCHÖNE BESCHERUNG

Warum man sich keine Hoffnungen machen darf,
daß dem Autor noch jemals
ein anständiger Weihnachtstext gelingt.

Warum der Tannenbaum so grün ist

Ein Weihnachtsbaum steht frisch geschmückt
Im Kreise der Familie.
Er ist davon nicht sehr entzückt
Und grün wie Petersilie.

Er hat die Weihnachtspralinés
(Ich sage es ganz offen)
Vor der Bescherung ganz nervös
Auf einmal ausgesoffen.

Er hatte nämlich Angst davor,
Man würd' ihn dazu zwingen,
Mit der Familie im Chor
„O Tannenbaum" zu singen.

Ein Baum tut sich beim Singen schwer
Und läßt es lieber bleiben,
Drum soff er die Pralinen leer
Und jetzt ist ihm zum Speiben.

O Tannenbaum, o grüne Pracht!
Dich lieben wir schon immer.
Und spätestens bei „Stille Nacht",
Da kotzt er uns ins Zimmer.

Der Weihnachtshund

Ein Versuch, den bisher sträflich vernachlässigten Weihnachtshund ins alpenländische Weihnachtsliedgut zu integrieren.

1

Stille Nacht, heilige Nacht,
Alles schläft, einsam wacht
Nur der liebliche Weihnachtshund
Und bellt andauernd ohne Grund.
Und stoppt nicht sehr bald das Gejaul',
Gibt es vom Christkind eins aufs Maul!

2

Oh, Weihnachtshund, oh, Weihnachtshund,
Wie schön ist dein Getue:
Du bellst nicht nur die Oma aus,
Auch Schwiegermutter nimmt Reißaus –
Oh, Weihnachtshund, oh, Weihnachtshund,
Jetzt ham wir uns're Ruhe!

3

Leise rieselt der Schnee,
Auf der Straße rutscht ein VW,
Der kommt mit dem Bremsen nicht nach –
Und schon ist der Weihnachtshund flach.

Oder vielleicht so:

Leise winselt der Hund
Seit ' ner geschlagenen Stund;
Uhr in der Krippe schlägt halb,
Kuh in der Krippe kriegt Kalb.

Gut, ich seh' schon: Mit einem Weihnachtshund werden die Weihnachtsliedertexte auch nicht viel intelligenter als vorher ...
Vielleicht sollte ich es irgendwann einmal mit einem Weihnachtswurm versuchen.

Das Fest der Unmoral

Es muß endlich einmal in aller Deutlichkeit gesagt werden: Weihnachten ist ein durch und durch unmoralisches Fest! Diese moralische und sittliche Fragwürdigkeit fängt ja schon bei den Weihnachtsbäumen an.
Weihnachtsbäume genießen bekanntlich die Liebe der Menschen, ganz besonders die Liebe der Kinder. Und das unter anderem wegen ihrer unwiderstehlich verführerischen grünen Farbe.
Weihnachtsbäume sind also chlorophyll, homophil und pädophil! Und der Wissenschaftler, der das herausgefunden hat, ist Doktor phil..
Außerdem hängen alle Weihnachtsbäume an der Nadel! Versuchen Sie einmal, einen Weihnachtsbaum von der Nadel wegzubekommen – das hält der keine drei Tage aus, ohne Nadel geht er sofort ein!
Und dann diese absolut unanständige Sache mit dem neugeborenen Kind: Liegt unkatholisch nackt und schutzlos in der Krippe und hat noch nicht einmal eine anständige Lebensversicherung. Nein, also wirklich!
Oder dieser Weihnachtsmann. Bloß weil er so einen langen Bart hat wie die Sprüche unserer Politiker, glauben die Leute an ihn. Wenn das nicht unmoralisch ist, dann ist Bischof Krenn die Wiedergeburt vom Mahatma Gandhi.
Und schließlich diese absurde Tierquälerei, der zu Weihnachten die Hunde ausgesetzt werden: Jeder Hund, egal, ob er Waldi, Hasso oder Rex heißt, muß in der Weihnachtszeit plötzlich auf den Namen „Jingle“ hören und wird permanent dazu aufgefordert, sinnlos zu bellen: „Jingle, bell! Jingle, bell!“

Es ist wirklich nicht auszuhalten. Was können diese armen Hunde dafür, daß die Menschen alle Jahre wieder von einer vorweihnachtlichen Herz- und Hirnerweichung befallen werden!

Na gut, das wollte ich nur noch loswerden.

Tiroler Weihnacht

Am Berg ganz oben in der Heh!
Liegt sieben Meter Pulverschnee,
Und in den Mittellagen auch
Reicht er den Gamsen bisch zan Bauch,
Herunt' im Tal, des isch betriblich,
Da fehlt er wieder mal wie iblich.

Um sich vor leeren Gäschtebetten
Zur Weichnachtshochsaison zu retten,
Beginnt man mit dem Kathecheten
Herunt' im Tal um Schnee zu beten:
„Herrgott, schick' Schnee, und nit zu knapp,
Sunst fahr'n die Gäschte wieder ab!"

Den Schnee am Berg derbarmt die Qual,
Er sagt: „Ich schick' enk was ins Tal!
Doch wenn ich meine weiße Pracht
Zu enk ins Tal heit in der Nacht
Als Schneelawine schick'n mecht –
Dann isch es enk ja a nit recht!"

Das erfolgreichste Weihnachtslied

Ein Weihnachtslied, sehr schön, wie üblich,
Fand es aufs äußerste betrüblich,
Daß man es unterm Tannenbaum
So falsch sang, daß es sich selbst kaum
Als jenes Weihnachtslied erkannte,
Das man sonst „ein sehr schönes“ nannte.

Das Weihnachtslied, total geschunden
Von singunfäh'gen Sangesrunden,
Erwirkte deshalb ein Verbot,
Das jedermann mit Strafe droht,
Der künftig im Familienkreise
Es sänge – wurscht, ob laut, ob leise.

Das Weihnachtslied, ein sehr bekanntes,
Auf diese schlaue Art verschwand es
Und wird seither aus vollen Lungen
Nicht mehr gekrächzt und falsch gesungen.
Die andren Weihnachtslieder neiden
Ihm den Erfolg, derweil sie leiden.

Endlich geschafft!

Eine wirklich schöne und zu Herzen gehende Weihnachtsgeschichte

Und es begab sich, daß Maria gebären sollte. Und sie gebar einen Knaben, wickelte ihn in Windeln und gab ihm den Namen Karl Heinrich Waggerl, weil er vom Heiligen Geist dazu ausersehen war, schöne und zu Herzen gehende Weihnachtsgeschichten zu schreiben.
Und so geschah es.
Schon in der Krippe schrieb Karl Heinrich Waggerl seine erste wunderschöne und zu Herzen gehende Weihnachtsgeschichte. Und gleich kamen die Hirten vom Felde und die Ochsen und Esel und Schafe, um sie zu hören. Und sie knieten nieder und sagten zueinander:
„Was ist das für eine wunderschöne und zu Herzen gehende Weihnachtsgeschichte, die dieser neugeborene Knabe geschrieben hat! Das muß Karl Heinrich Waggerl sein, der lang ersehnte Erlöser, der gekommen ist, uns zu erlösen von den negativen und bösen Weihnachtsgeschichten, die wir sonst immer zu hören bekommen!“
Diese frohe Botschaft vernahmen die Heiligen Drei Könige, und sie machten sich auf den Weg zur Krippe, weil sie auch diese wunderschöne und zu Herzen gehende Weihnachtsgeschichte hören wollten. Aber die Hirten verlangten von den Heiligen Drei Königen Eintritt. Und so mußten sie zuerst mit Gold, Myrrhe und Haschisch drei Eintrittskarten in den Stall kaufen, um dann auf ziemlich schlechten Plätzen in der fünften Reihe hinter der Krippe

kniend der wunderschönen und zu Herzen gehenden Weihnachtsgeschichte zu lauschen.
Und weil das alles so wunderschön und zu Herzen gehend war, gebar Maria noch am gleichen Abend fünf singende Pinzgauer Hirtenknaben, eine Zither spielende Großmutter, zwei Engelschöre und als Nachgeburt Tobias Reiser Vater und Sohn, das gesamte Salzburger Heimatwerk, die Initiatoren von „Licht ins Dunkel", Josef Mohr und Franz Gruber, sowie den Neckermann-Versand mit seinen wunderschönen und zu Herzen gehenden, besonders günstigen Weihnachtssonderangeboten.

Und wer jetzt noch behauptet, ich könne keine wunderschöne und zu Herzen gehende Weihnachtsgeschichte schreiben, der soll sich zum Teufel scheren!

Ich kann's nämlich sogar lyrisch. Wunderschön und zu Herzen gehend lyrisch. Das beweist das folgende Gedicht, das natürlich mit dem entsprechenden, zu Herzen gehenden Pathos und mit erschütterndem Vibrato in der Stimme vorgetragen werden muß.
Solche Gedichte beginnen bekanntlich immer mit „Oh!"

Oh, stille Nacht, oh, heil'ge Nacht!
Oh, Nacht der heil'gen Stille!
Oh, nächtlich heil'ge, stille Pracht!
Still-heil'ge Nacht-Idylle!

Oh, Nacht der stillen Heiligkeit!
Oh, Nacht voll stillem Heile!
Das Kind, gebor'n zu deiner Zeit,
Schlief ein – vor Langeweile.

Letzte Versuche ...

Weihnachtsstern à la Ringelnatz

War einmal ein Weihnachtsstern,
Funkelte so schrecklich gern.
Weihnachtssternchen funkelte,
Wolke, die verdunkelte.
Publikum in nah und fern
Wartete auf Weihnachtsstern.

Oder vielleicht so ...

Der philosophische Tannenbaum

Ein Tannenbaum war Philosoph:
Nach Hegel las er Fichte.
Da fand er sich als Tanne doof,
Erhängte sich im Hinterhof - - -
Auch keine Weihnachtsg'schichte!

Ich geb's auf.

Das endgültige Weihnachtsgedicht

Leise rieselt der Schnee,
Mutter gibt Rum in den Tee,
Vater gibt Tee in den Rum –
Damit ist Weihnachten um.

INHALT

BERGFELD 17. Der Stand der Dinge

27 VII 2003

Betrifft: Publikationsforum - Rosenhaus - 107

I. *Resistenz bedeutet Widerstandsfähigkeit, und Literatur hat einen so geringen Stellenwert in unserer Gesellschaft, dass es starker Resistenz bedarf, Schriftstellern ein gutes Publikationsforum bieten zu können.*

II. Für Resistenz wird ja vornehmlich in Wien gearbeitet, mein mir liebster Schreibtisch steht aber im oberösterreichischen Kremstal, nur unweit von Stifters Rosenhaus.

III. *Andere drucken Bücher. Ich verlege AutorInnen*: Manfred Kochs „Total umweihnachtet", in der Reihe „Bibliothek österreichischer ErzählerInnen", ist die 107. Resistenz Titelmeldung beim Börsenverein des Deutschen Buchhandels.

Herzlichst,

Dietmar Ehrenreich

eMail: dietmar.ehrenreich@gmx.at